КРАЈНИОТ ГОТВАЧ ЗА БАР ЗА МЛЕКО

ПРЕПУШТЕТЕ СЕ НА СЛАТКАТА НОСТАЛГИЈА СО ИКОНСКИ КРЕАЦИИ.

Nikoletta Balla

Сите права се задржани.

Одрекување

Информациите содржани во оваа е-книга треба да послужат како сеопфатна колекција на стратегии за кои авторот на оваа е-книга истражувал. Резимењата, стратегиите, советите и триковите ги препорачува само авторот, а читањето на оваа е-книга нема да гарантира дека нечии резултати точно ќе ги одразуваат резултатите на авторот. Авторот на еКнигата ги вложил сите разумни напори да обезбеди актуелни и точни информации за читателите на еКнигата. Авторот и неговите соработници нема да бидат одговорни за каква било ненамерна грешка или пропусти што може да се најдат. Материјалот во еКнигата може да вклучува информации од трети страни. Материјалите од трети страни содржат мислења изразени од нивните сопственици. Како таков, авторот на еКнигата не презема одговорност или одговорност за какви било материјали или мислења од трета страна. Дали поради прогресијата на интернетот, или поради непредвидените промени во политиката на компанијата и насоките за уредување за поднесување, она што е наведено како факт во времето на ова пишување може да стане застарено или непременливо подоцна.

Екнигата е авторско право © 202 3 со сите права задржани. Нелегално е целосно или делумно да се прераспределува, копира или креира изведено дело од оваа еКнига. Ниту еден дел од овој извештај не смее да се репродуцира или реемитува во какви било репродуцирани или реемитувани во какви било форми без писменото изразено и потпишано одобрение од авторот.

СОДРЖИНА

СОДРЖИНА 3
ВОВЕД 8
ЖИТНИЧКО МЛЕКО 10
   1. Жито млеко 11
   2. Панакота од житни млеко 14
   3. Сладолед од житни млеко 16
   4. Овошен сладолед од житарици 18
   5. Житарици млеко-бело руски 20
   6. Слатка пита од сладолед од житарици од пченка 22
   7. Колачиња од пченка 25
КРЧАЊЕ 28
   8. Крцкање со корнфлекс 29
   9. Крцкање со овошни камчиња 32
   10. Крцкање на геврек 35
   11. Риц крцкање 38
   12. Крцкање со тост со цимет 41
   13. Крцкање со путер од кикирики 44
   14. Крцкање на лешник 46
   15. Крцкање од ф'стаци 48
   16. Тајландски чај криза 50
   17. PB и J Crunch 53
КОЛАЦИ 55
   18. Колачиња од корнфлекс-чоколадо-чип-бел слез 56
   19. Празнични колачиња 60
   20. Колачиња од боровинки и крем 62

21. Чоколадо-чоколадни колачиња 65
22. Колачиња со конфети 69
23. Колачиња за компост 73
24. Колачиња со путер од кикирики 77
25. Овес колаче 81

ПИТИ И ПИТА ФИЛ 84

26. Пита со сладолед од житарици 85
27. ПБ и Ј пита 87
28. Пита со грејпфрут 90
29. Крем пита со банана 93
30. Пита со пусти 97
31. Пита со скакулец 101
32. Русокоса пита 104
33. Полнење за русокоса пита 106
34. Пита со бонбони 109
35. Пита со пунџа со цимет 112
36. Пита со меренга-фстаци со лимон 116
37. Полнење за пита со пукнатини 120
38. Пукна пита 123

ТРОШКА 127

39. Млечна трошка 128
40. Трошка од млеко од бобинки 131
41. Трошка за роденденска торта 133
42. Сладена млечна трошка 136
43. Чоколадна трошка 138
44. Трошка од пита 141
45. Замрзнување од трошки од пита 144

КОРА И ТЕСТО 147

46. Чоколадна кора 148

| 47. Греам кора | 150 |
| 48. Мајчино тесто | 153 |

СЛАДОЛЕД И СОРБЕТИ ... 155

49. Греам сладолед	156
50. Шербет од бела праска	159
51. Сладолед од црвено кадифе	162
52. Шербет гуава	165
53. Сладолед од чизкејк	167
54. Шербет од круша	169
55. Мацерирани јагоди со лававица	172
56. Тристар шербет од јагоди	174
57. Замрзнат јогурт Chèvre	177
58. Сорбет од грозје Конкорд	179
59. Сладолед од геврек	181

КОЛАЧИ И ФРОСТ ... 184

60. Торта со слој од ф'стаци	185
61. Торта со ф'стаци	189
62. Замрзнување од ф'стаци	192
63. Торта со слој од чоколаден чип	195
64. Чоколадна торта	199
65. Замрзнување на кафе	203
66. Роденденска слојна торта	205
67. Роденденска торта	209
68. Замрзнување на роденденска торта	212
69. Торта со слој од морков	215
70. Торта од морков	219
71. Греам замрзнување	223
72. Морков торта тартуфи	226
73. Фил со чизкејк со нане	229
74. Глазура од нане	231

75. Торта со слој од чоколаден слад 233

76. Чоколадна торта 237

77. Торта со слој од пита со јаболка 241

78. Торта со кафеав путер 245

79. Течен чизкејк 249

80. Торта со слој од банана 252

81. Торта со банана 256

82. Замрзнување од лешник 260

ТОПЛА ФАЏ 262

83. Фаџ сос 263

84. Сос од слад 266

85. Ерл сив епски сос 268

ГАНАШ 270

86. Ганаш од тиква 271

87. Ганаш од корен од целер 274

88. Ганаш од репка-вар 278

89. Чоколадна ганаш од лешник 282

90. Греам ганаш 284

УРДА 286

91. Грејпфрут страст урда 287

92. Засладен кондензиран грејпфрут 290

93. Урда од страсно овошје 292

94. Урда од лимон 295

КРОАСАНИ 297

95. Кроасани со кимчи и сино сирење 298

96. Турција, швајцарски и кроасани со сенф 303

ТАРТ 306

97. Тарт со јаболко брусница наопаку 307

98. Тарт од јаболка малина 310
99. Тарт од артишок 314
100. Тарт со матеница од боровинки.................................. 317

ЗАКЛУЧОК 321

ВОВЕД

Млечниот бар е повеќе од само место; тоа е засолниште на носталгија, ризница со утешни вкусови и симбол на едноставните задоволства на животот. Во овој готвач, оддаваме почит на оваа сакана институција и на прекрасните подароци што ги заробуваат срцата со генерации.

Нашето патување низ овие страници ќе ве однесе на обиколка на иконите креации на млечни барови, од класични шејкови и слад до богати, кремасти сладолед сладолед, и од меки, сонливи палачинки до нежни, топли колачиња. Без разлика дали имате убави спомени од млечните шипки од вашето минато или сте љубопитни да го истражите нивниот шарм за прв пат, нашите рецепти ќе ви овозможат повторно да ја создадете магијата во вашата кујна.

Секој рецепт е труд од љубов, а ние вклучивме детални инструкции, тајни совети и креативни варијации за да се осигураме дека вашите креации на млечни шипки се исто толку незаборавни како оние од вашата омилена аголна млечна лента. Затоа, земете ја вашата престилка и висока чаша млеко и да тргнеме на патување на слатка носталгија и чисто уживање.

Како што го завршуваме нашето вкусно патување низ, се надеваме дека сте го вкусиле вкусот на слатката носталгија и радоста на пресоздавањето на класичните задоволства со млеко. Млечниот бар е повеќе од место за задоволување на желбите; тоа е временска машина која нè враќа назад во поедноставните денови, каде што секое уживање беше богатство и секоја голтка беше момент на чисто задоволство.

Нека вашата кујна секогаш биде исполнета со арома на свежо печени колачиња, звук на блендирање на милкшејкови и смеа на пријателите и семејството кои ја споделуваат сладоста на животот. Ви благодариме што ни дозволивте да го донесеме искуството на млечниот бар во вашиот дом и нека секој залак што ќе го земете е голтка чиста, млечна магија.

ЖИТНИЧКО МЛЕКО

1. Жито млеко

СЛУЖУВА 4

Состојки

- 100 гр корнфлекс
- 825 гр ладно млеко
- 30 g светло-кафеав шеќер
- ¼ лажичка кошер сол

Правци

a) Загрејте ја рерната на 300°F.

b) Намачкајте ги корнфлексот на тавче обложено со пергамент. Печете 15 минути, додека не се потпече лесно. Се излади целосно.

c) Изладените корнфлекс префрлете ги во голем бокал. Истурете го млекото во бокалот и енергично промешајте. Оставете да се вари 20 минути на собна температура.

d) Процедете ја смесата низ сито со ситно мрежа, собирајќи го млекото во средна чинија. Млекото на почетокот брзо ќе се исцеди, а потоа ќе стане погусто и скробно кон крајот на процесот на цедење. Користејќи го задниот дел од лажичката (или вашата рака), исцедете го млекото од корнфлексот, но немојте да ги присилувате кашестите пченкарни снегулки низ ситото. (Ги компостираме остатоците од корнфлекс или ги носиме дома кај нашите кучиња!)

е) Изматете ги кафеавиот шеќер и солта во млекото додека не се раствори целосно. Да се чува во чист бокал или стаклен бокал со млеко, во фрижидер, до 1 недела.

2. Панакота од житни млеко

СЛУЖУВА 4

Состојки

- 1 ½ листови желатин
- 1¼ шолја житничко млеко
- 25 g светло-кафеав шеќер
- 1 g кошер сол

Правци

a) Расцутете го желатинот.

b) Загрејте малку од млекото од житарки и изматете го желатинот да се раствори. Изматете го преостанатото млеко од житарки, кафеавиот шеќер и солта додека сè не се раствори, внимавајќи да не внесе премногу воздух во смесата.

c) Ставете 4 мали чаши на рамна, преносплива површина. Во чашите сипете ја смесата со млеко од житарици, полнејќи ги поеднакво. Префрлете го во фрижидер да се стегне најмалку 3 часа или преку ноќ.

3. Сладолед од житни млеко

ЗАРАБОТУВА ОКОЛУ 800 g (1 кварта)

1 ½ листови желатин

Состојки

- 1 порција млеко од житарици
- 4 g замрзнато сушено пченка во прав [2 лажички]
- 30 гр светло-кафеав шеќер [2 лажици цврсто спакувани]
- 1 g кошер сол [¼ лажичка]
- 20 гр млеко во прав [¼ чаша]
- 50 гр гликоза [2 лажици]

Правци

a) Расцутете го желатинот.

b) Загрејте малку од млекото од житарки и изматете го желатинот да се раствори. Изматете го преостанатото млеко од житарици, пченкарниот прав, кафеавиот шеќер, солта, млекото во прав и гликозата додека сѐ целосно не се раствори и вклопи.

c) Истурете ја смесата низ сито мрежа во машината за сладолед и замрзнете според упатствата на производителот. Сладоледот најдобро се врти непосредно пред послужување или употреба, но ќе се чува во херметички сад во замрзнувач до 2 недели.

4. Овошен сладолед од житарици

ЗАРАБОТУВА ОКОЛУ 800 g (1 кварта)

Состојки

- 1 лист желатин
- 1 порција овошно млеко од житарки
- 130 гр шеќер [¼ чаша]
- 2 g кошер сол [½ лажичка]
- 20 гр млеко во прав [¼ чаша]
- 50 гр гликоза [2 лажици]

Правци

a) Расцутете го желатинот.

b) Загрејте малку овошно млеко од житарици и изматете го желатинот да се раствори. Изматете го преостанатото овошно млеко од житарици, шеќерот, солта, млекото во прав и гликозата додека сè целосно не се раствори и вклопи.

c) Истурете ја смесата низ сито мрежа во машината за сладолед и замрзнете според упатствата на производителот. Сладоледот најдобро се врти непосредно пред послужување или употреба, но ќе се чува во херметички сад во замрзнувач до 2 недели.

5. Житарици млеко-бело руски

СЛУЖУВА 2

Состојки

- ¼ порција База за сладолед од житни млеко; не замрзнати
- 4 g замрзнато сушено пченка во прав [2 лажички]
- 42 гр Кахлуа [3 супени лажици]
- 42 гр вотка [3 лажици]

Правци

a) Изматете ја основата за сладолед, пченкарниот прав, Кахлуа и водката во мало бокал или сад.

b) Истурете во две чаши полни со мраз.

6. Слатка пита од сладолед од житарици од пченка

ПРАВИ 1 (10-ИНЧ) пита; СЛУЖУВА 8 ДО 10

Состојки

- 225 гр колачиња од пченка [околу 3 колачиња]
- 25 гр путер, стопен или по потреба [2 лажици]
- 1 порција Фил „сладолед" со слатко пченкарно житарици

Правци

a) Ставете ги колачињата од пченка во процесорот за храна и пулсирајте ги и исклучувајте ги додека колачињата не се распарчат во светло жолт песок.

b) Во сад рачно измесете ја смесата со путерот и мелените колачиња додека не се навлажни доволно за да се формира топка. Ако не е доволно влажен за да го направите тоа, растопете дополнителни 14 g (1 лажица) путер и измесете го.

c) Користејќи ги прстите и дланките на вашите раце, цврсто притиснете ја корат за колачиња од пченка во чинија за пита од 10 инчи. Погрижете се дното и ѕидовите на чинијата за пита да бидат рамномерно покриени. Завиткана во пластика, корат може да се замрзне до 2 недели.

d) Со помош на шпатула изгребете и намачкајте го филот „сладолед" од житаркиното млеко во лушпата за пита.

Допрете ја наполнетата пита на површината на пултот за да се израмни филот.

е) Замрзнете ја питата најмалку 3 часа или додека „сладоледот" не се замрзне и стегне доволно силно за да се исече и послужи. Ако ги зачувате вашите парчиња рај за подоцна, можете да ја замрзнете питата со сладолед, завиткана во пластика, до 2 недели.

7. Колачиња од пченка

СЕ ПРАВИ 13 ДО 15 КОЛАЦИ

Состојки

- 225 г путер, на собна температура
- 300 гр шеќер [1½ чаши]
- 1 јајце
- 225 гр брашно [1⅓чаши]
- 45 гр пченкарно брашно [¼ чаша]
- 65 g замрзнато сушено пченка во прав [¼ чаша]
- 3 g прашок за пециво [¾ лажичка]
- 1,5 g сода бикарбона [¼ лажичка]
- 6 g кошер сол [1½ лажичка]

Правци

a) Соединете ги путерот и шеќерот во садот со миксер опремен со додаток за лопатка и кремот заедно на средно-висока 2 до 3 минути. Изгребете ги страните на садот, додадете го јајцето и матете 7 до 8 минути.

b) Намалете ја брзината на миксерот на минимум и додајте ги брашното, пченкарното брашно, пченкарниот прав, прашокот за пециво, сода бикарбона и солта. Мешајте само додека тестото не се соедини, не подолго од 1 минута. Изгребете ги страните на садот.

c) Со помош на топка за сладолед од $2\frac{3}{4}$ унца (или со 1 шолја мерка), изделете го тестото на тава обложена со пергамент. Рамно тапкајте ги врвовите на куполите од тестото за колачиња. Цврсто завиткајте ја тавата со пластична фолија и ставете ја во фрижидер најмалку 1 час или до 1 недела. Не ги печете вашите колачиња од собна температура - тие нема да се испечат правилно.

d) Загрејте ја рерната на 350°F.

e) Наредете го изладеното тесто на растојание од минимум 4 инчи на тави обложени со пергамент или силпат. Печете 18 минути. Колачињата ќе се издуваат, ќе крцкаат и ќе се шират. По 18 минути, тие треба да бидат слабо зарумени на рабовите, но сепак светло жолти во центарот; дајте им дополнителна минута ако не.

f) Оладете ги колачињата целосно на тавите пред да ги префрлите во чинија или во херметички сад за складирање. На собна температура, колачињата ќе се чуваат свежи 5 дена; во замрзнувач ќе се чуваат 1 месец.

КРЧАЊЕ

8. Крцкање со корнфлекс

ЗАРАБОТУВА ОКОЛУ 360 g (4 чаши)

Состојки

- 170 гр корнфлекс [½ (12 унца) кутија (5 чаши)]
- 40 гр млеко во прав [½ чаша]
- 40 гр шеќер [3 лажици]
- 4 g кошер сол [1 кафена лажичка]
- 130 гр путер, стопен [9 лажици]

Правци

a) Загрејте ја рерната на 275°F.

b) Истурете ги корнфлексите во среден сад и издробете ги со раце до една четвртина од нивната оригинална големина. Додадете го млекото во прав, шеќерот и солта и измешајте да се измеша. Додадете го путерот и фрлете го да се премачка. Додека фрлате, путерот ќе делува како лепак, врзувајќи ги сувите состојки за житарките и создавајќи мали гроздови.

c) Намачкајте ги кластерите на тава обложена со пергамент или Силпат и печете ги 20 минути, во тој момент треба да изгледаат препечено, да мирисаат на путер и нежно да се крцкаат кога малку ќе се изладат и изџвакаат.

d) Целосно изладете го крцкањето со корнфлекс пред да го чувате или употребите.

9. Крцкање со овошни камчиња

ЗДРАВИ ОКОЛУ 225 g (3 чаши)

Состојки

- 120 гр Овошни камчиња [¼ (17 унца) кутија (2½ чаши)]
- 20 гр млеко во прав [¼ чаша]
- 12 гр шеќер [1 лажица]
- 1 g кошер сол [¼ лажичка]
- 85 гр путер, стопен [6 лажици]

Правци

a) Загрејте ја рерната на 275°F.

b) Овошните камчиња истурете ги во средна чинија и здробете ги со раце до една четвртина од нивната оригинална големина. Додадете го млекото во прав, шеќерот и солта и измешајте да се измеша. Додадете го путерот и фрлете го да се премачка. Додека фрлате, путерот ќе делува како лепак, врзувајќи ги сувите состојки за житарките и создавајќи мали гроздови.

c) Намачкајте ги кластерите на тава обложена со пергамент или силпат и печете ги 20 минути, во тој момент треба да изгледаат препечено, да мирисаат на путер и нежно да се крцкаат кога малку ќе се изладат и изџвакаат.

d) Целосно изладете го крцкањето пред да го чувате или користите.

10. Крцкање на геврек

ЗДРАВУВА ОКОЛУ 250 g (2 чаши)

Состојки

- 100 гр мини переци
- 60 гр светло-кафеав шеќер [¼ чаша цврсто спакуван]
- 25 гр шеќер [2 лажици]
- 20 гр млеко во прав [¼ чаша]
- 10 g слад во прав [1 лажица]
- 100 гр путер, стопен [7 лажици]

Правци

a) Загрејте ја рерната на 275°F.

b) Истурете ги ѓеврецитe во среден сад и издробете ги со раце до една четвртина од нивната оригинална големина. Додадете го слад во прав, млекото во прав, шеќерот и солта и фрлете ги да се измешаат. Додадете го путерот и фрлете го да се премачка. Додека фрлате, путерот ќе делува како лепак, врзувајќи ги сувите состојки за житарките и создавајќи мали гроздови.

c) Намачкајте ги кластерите на тава обложена со пергамент или Силпат и печете ги 20 минути, во тој момент треба да изгледаат препечено, да мирисаат на путер и нежно да се крцкаат кога малку ќе се изладат и изџвакаат.

d) Целосно изладете го крцкањето пред да го чувате или користите.

11. Риц крцкање

ЗДРАВУВА ОКОЛУ 275 g (2 чаши)

Состојки

- 110 g Ritz крекери [1 ракав]
- 100 гр шеќер [½ чаша]
- 20 гр млеко во прав [¼ чаша]
- 2 g кошер сол [½ лажичка]
- 100 гр путер, стопен [7 лажици]

Правци

a) Загрејте ја рерната на 275°F.

b) Истурете ги крекерите во среден сад и издробете ги со раце до една четвртина од нивната оригинална големина. Додадете го млекото во прав, шеќерот и солта и измешајте да се измеша. Додадете го путерот и фрлете го да се премачка. Додека фрлате, путерот ќе делува како лепак, врзувајќи ги сувите состојки за житарките и создавајќи мали гроздови.

c) Намачкајте ги кластерите на тава обложена со пергамент или Силпат и печете ги 20 минути, во тој момент треба да изгледаат препечено, да мирисаат на путер и нежно да се крцкаат кога малку ќе се изладат и изџвакаат.

d) Целосно изладете го крцкањето со корнфлекс пред да го чувате или употребите.

12. Крцкање со тост со цимет

ЗДРАВУВА ОКОЛУ 250 g (2 чаши)

Состојки

- 100 гр бел сендвич леб [¼ (1 фунта) векна]
- 115 гр кафеав путер, само загреан [⅓ чаша]
- 100 гр шеќер [½ чаша]
- 2 g кошер сол [½ лажичка]
- 2 g мелен цимет [1 лажичка]

Правци

a) Загрејте ја рерната на 325°F.

b) Искинете го лебот на парчиња од ½ инчи. Ставете го во сад, а потоа намачкајте го и прелијте го со кафеав путер. Оставете го лебот да кисне 1 минута.

c) Додадете ги шеќерот, солта и циметот во лебот и убаво измешајте. Намачкајте ја смесата на тавче обложено со пергамент или силпат и печете 25 минути.

d) Малку извлечете ја тавата од рерната и со помош на шпатула, лажица или што и да имате, растурете го тостот со цимет малку и фрлете го наоколу за да бидете сигурни дека се карамелизира и се исуши. Печете уште 5 минути или повеќе, додека не добиете суви, карамелизирани гроздови.

е) Целосно изладете го тостот со цимет пред да го чувате или користите.

13. Крцкање со путер од кикирики

ЗДРАВУВА ОКОЛУ 515 g (3½ чаши)

Состојки

- 195 g Скип путер од кикирики [¾ чаша]
- ⅓сервирање Кршливи кикирики
- 120 г фејлетин [1½ шолја]
- 120 гр шеќер за слатки [¾ чаша]
- 2 g кошер сол [½ лажичка]

Правци

a) Соединете ги путерот од кикирики, кршливиот, фејлетинот , шеќерот за слатки и солта во садот со миксер опремен со додаток за лопатка и лопатете со средно-ниска брзина околу 1 минута, додека не се хомогена.

b) Крцкањето може да се чува во херметички сад на собна температура 5 дена или во фрижидер до 2 недели.

14. Крцкање на лешник

ЗДРАВУВА ОКОЛУ 280 г (2 чаши)

Состојки

- 100 гр паста од лешник [⅓чаша]
- ⅓порција Кршлив лешник [80 g (½ чаша)]
- 80 гр фејлетин [1 чаша]
- 20 г шеќер за слатки [2 лажици]
- 3 g кошер сол [¾ лажичка]

Правци

a) Соединете ја пастата од лешник, кршливиот, фејлетинот, шеќерот за слатки и солта во садот со миксер опремен со додаток за лопатка и лопатете со средно-ниска брзина околу 1 минута, додека не се хомогена.

b) Крцкањето може да се чува во херметички сад на собна температура 5 дена или во фрижидер до 2 недели.

15. Крцкање од ф'стаци

ЗАРАБОТУВА ОКОЛУ 330 G (2 чаши)

Состојки

- 75 гр ф'стаци, сурови, несолени [½ чаша]
- 155 гр паста од ф'стаци [½ чаша]
- 60 г фејлетин [¾ чаша]
- 40 гр шеќер за слатки [¼ чаша]
- 4 g кошер сол [1 кафена лажичка]

Правци

a) Загрејте ја рерната на 325°F.

b) Ставете ги ф'стаците на плех и тостирајте во рерна 15 минути. Се лади на собна температура.

c) Испечените ф'стаци ставете ги во чиста кујнска крпа и со тавче или сукало изматете ги на помали парчиња, идеално ќе ги преполовите ф'стаците или ќе ги скршите на не помала од една осмина од нивната оригинална големина.

d) Соединете ги искршените ф'стаци со пастата од ф'стаци, фејлетинот, шеќерот за слатки и солта во садот со миксер со додаток за лопатка и лопатете со средно-ниска брзина околу 1 минута, додека не се хомогена. Крцкањето може да се чува во херметички сад на собна температура 5 дена или во фрижидер до 2 недели.

16. Тајландски чај криза

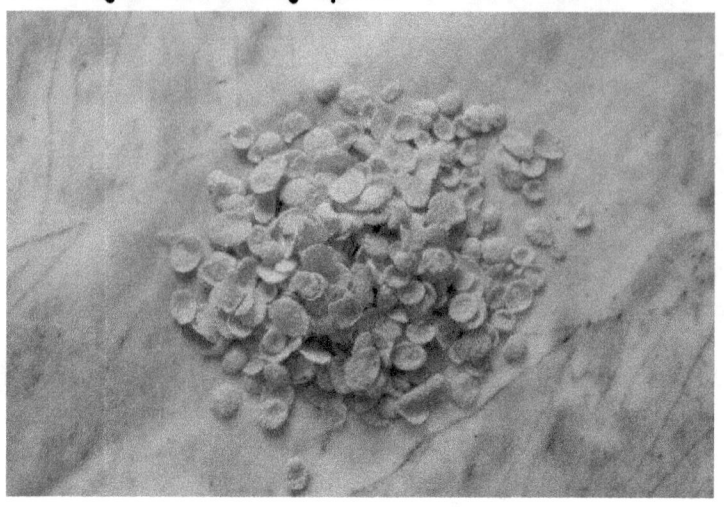

ЗДРАВУВА ОКОЛУ 140 g (1 шолја)

Состојки

- 15 g сечкани бадеми [2 лажици]
- 55 гр путер од бадем [$\frac{1}{4}$ чаша]
- 40 г фејлетин [$\frac{1}{2}$ чаша]
- 30 гр шеќер за слатки [3 лажици]
- 2 g кошер сол [$\frac{1}{2}$ лажичка]
- 8 g листови тајландски црн чај [$1\frac{1}{2}$ лажица]
- 0,25 g лимонска киселина [слабо штипка]

Правци

a) Загрејте ја рерната на 325°F.

b) Ставете ги бадемите на плех и тостирајте во рерна 15 минути. Се лади на собна температура.

c) Испечените бадеми ставете ги во чиста кујнска крпа и со тавче или сукало изматете ги на помали парчиња, идеално би било да ги преполовите бадемите или да ги скршите на не помала од една осмина од нивната оригинална големина.

d) Соедините ги искршените бадеми со путерот од бадеми, фејлетинот , шеќерот за слатки и солта во садот со миксер на кој е опремен додатокот за лопатка и лопатете со средно-ниска брзина околу 1 минута, додека не се хомогена.

е) Крцкањето може да се чува во херметички сад на собна температура 5 дена или во фрижидер до 2 недели.

17. PB и J Crunch

СЛУЖУВА 4

Состојки

- ½ порција желе од грозје Конкорд
- ½ порција крцкање со путер од кикирики

1 порција солена панакота

Правци

a) Желето поделете го рамномерно на 4 чинии за сервирање.

b) Ставете 1-инчен кружен секач за колачиња или прстенест калап на мала чинија и со лажица притиснете цврсто една четвртина од крцкањето со путер од кикирики во кругот, правејќи круг висок ½ инчи. Префрлете го кругот на крцкањето во првиот сад, исфрлајќи го од калапот на желето. Повторете го истото за преостанатите 3 чинии.

c) Со офсет шпатула, внимателно префрлете 1 панакота на врвот на секој круг за крцкање со путер од кикирики. Послужете веднаш.

КОЛАЧИ

18. Колачиња од корнфлекс-чоколадо-чип-бел слез

СЕ ПРАВИ 15 ДО 20 КОЛАЦИ

Состојки

- 225 гр путер, на собна температура [16 лажици]
- 250 гр гранулиран шеќер [1¼ чаши]
- 150 гр светло-кафеав шеќер [¼ чаша цврсто спакуван]
- 1 јајце
- 2 g екстракт од ванила [½ лажичка]
- 240 гр брашно [1½ чаши]
- 2 g прашок за пециво [½ лажичка]
- 1,5 g сода бикарбона [¼ лажичка]
- 5 g кошер сол [1¼ лажичка]
- ¾ порција Крнч од корнфлејк [270 гр (3 чаши)]
- 125 гр мини чоколадни чипови [¼ шолја]
- 65 гр мини бел слез [1¼ шолја]

Правци

а) Соедините ги путерот и шеќерите во садот со миксер опремен со додаток за лопатка и кремот заедно на средно-висока 2 до 3 минути. Изгребете ги страните на садот, додајте ги јајцето и ванилата и матете 7 до 8 минути.

b) Намалете ја брзината на миксерот на минимум и додадете ги брашното, прашокот за пециво, сода бикарбона и солта. Мешајте само додека тестото не се соедини, не подолго од 1 минута. (Не тргнувајте од машината за време на овој чекор, или ќе ризикувате прекумерно да го измешате тестото.) Изгребете ги страните на садот со шпатула.

c) Сè уште со мала брзина, веслајте со крцкањето со корнфлејк и мини чоколадни чипови само додека не се вградат, не повеќе од 30 до 45 секунди. Веслајте во мини бел слез само додека не се вградат.

d) Со помош на топка за сладолед од $2\frac{3}{4}$ унца (или со 1 шолја мерка), изделете го тестото на тава обложена со пергамент. Рамно тапкајте ги врвовите на куполите од тестото за колачиња. Цврсто завиткајте ја тавата во пластична фолија и ставете ја во фрижидер најмалку 1 час или до 1 недела. Не печете ги колачињата на собна температура - тие нема да ја задржат својата форма.

e) Загрејте ја рерната на 375°F.

f) Наредете го изладеното тесто на растојание од минимум 4 инчи на тави обложени со пергамент или силпат. Печете 18 минути. Колачињата ќе се издуват, ќе крцкаат и ќе се шират. На 18-минутната ознака, колачињата треба да се зарумената на рабовите и штотуку да почнат да се кафеави кон центарот. Оставете ги во рерна уште една минута, ако не се, а на површината се уште изгледаат бледо и тесто.

g) Оладете ги колачињата целосно на тавите пред да ги префрлите во чинија или во херметички сад за

складирање. На собна температура, колачињата ќе се чуваат свежи 5 дена; во замрзнувач ќе се чуваат 1 месец.

19. Празнични колачиња

СЕ ПРАВИ 18 ДО 22 КОЛАЧИ

Состојки

- 200 гр нане или бонбони
- овошни колачиња од бел слез со камче

Правци

а) Следете ги упатствата за колачињата корнфлејк-чоколадо-чип-бел слез, заменувајќи го со овошен пебл крцкање за крцкањето со корнфлекс и испуштајќи ги чоколадните парчиња.

20. Колачиња од боровинки и крем

СЕ ПРАВИ 12 ДО 17 КОЛАЧИ

Состојки

- 225 гр путер, на собна температура [16 лажици (2 стапчиња)]
- 150 гр гранулиран шеќер [¾ чаша]
- 150 гр светло-кафеав шеќер [¼ чаша цврсто спакуван]
- 100 g гликоза [¼ чаша]
- 2 јајца
- 320 гр брашно [2 чаши]
- 2 g прашок за пециво [½ лажичка]
- 1,5 g сода бикарбона [¼ лажичка]
- 6 g кошер сол [1½ лажичка]
- ½ порција Млечна трошка
- 130 гр суви боровинки [¾ чаша]

Правци

a) Соедините ги путерот, шеќерите и гликозата во садот со миксер со додаток за лопатка и кремот на средно висока температура 2 до 3 минути. Изгребете ги страните на садот, додадете ги јајцата и матете 7 до 8 минути.

b) Намалете ја брзината на миксерот на минимум и додадете ги брашното, прашокот за пециво, сода бикарбона и солта.

Мешајте само додека тестото не се соедини, не подолго од 1 минута. (Не тргнувајте од машината за време на овој чекор, или ќе ризикувате прекумерно да го измешате тестото.) Изгребете ги страните на садот со шпатула.

c) Сè уште на мала брзина, додадете ги млечните трошки и мешајте додека не се соединат, не повеќе од 30 секунди. Бркајте ги млечните трошки со сувите боровинки, мешајќи ги 30 секунди.

d) Со помош на топка за сладолед од $2\frac{3}{4}$ унца (или со 1 шолја мерка), изделете го тестото на тава обложена со пергамент. Рамно тапкајте ги врвовите на куполите од тестото за колачиња. Цврсто завиткајте ја тавата во пластична фолија и ставете ја во фрижидер најмалку 1 час или до 1 недела. Не ги печете вашите колачиња од собна температура - тие нема да се испечат правилно.

e) Загрејте ја рерната на 350°F.

f) Наредете го изладеното тесто на растојание од минимум 4 инчи на тави обложени со пергамент или силпат. Печете 18 минути. Колачињата ќе се издуват, ќе крцкаат и ќе се шират. По 18 минути, тие треба да бидат многу слабо заруменети на рабовите, но сепак светло жолти во центарот; дајте им дополнителна минута или нешто повеќе ако тоа не е така.

g) Оладете ги колачињата целосно на тавите пред да ги префрлите во чинија или во херметички сад за складирање. На собна температура, колачињата ќе се чуваат свежи 5 дена; во замрзнувач ќе се чуваат 1 месец.

21. Чоколадо-чоколадни колачиња

СЕ ПРАВИ 10 ДО 15 КОЛАЧИ

Состојки

- 225 гр путер, на собна температура [16 лажици]
- 300 гр шеќер [1½ чаши]
- 100 g гликоза [¼ чаша]
- 1 јајце
- 1 g екстракт од ванила [¼ лажичка]
- 60 g 55% чоколадо, стопено [2 унци]
- 200 гр брашно [1¼ чаши]
- 100 гр какао во прав
- 3 g прашок за пециво [¾ лажичка]
- 1,5 g сода бикарбона [¼ лажичка]
- 7 g кошер сол [1¾ лажичка]
- ½ порција Чоколадна трошка

Правци

a) Соединете ги путерот, шеќерот и гликозата во садот со миксер со додаток за лопатка и кремот заедно на средно висока 2 до 3 минути. Изгребете ги страните на садот, додадете ги јајцето, ванилата и стопеното чоколадо и матете 7 до 8 минути.

b) Намалете ја брзината на миксерот на минимум и додадете ги брашното, какаото во прав, прашокот за пециво, сода бикарбона и солта. Мешајте само додека тестото не се соедини, не подолго од 1 минута. (Не тргнувајте од машината за време на овој чекор, или ќе ризикувате прекумерно да го измешате тестото.) Изгребете ги страните на садот со шпатула.

c) Сè уште на мала брзина, додадете ги чоколадните трошки и мешајте додека не се вклопи, околу 30 секунди.

d) Со помош на топка за сладолед од $2\frac{3}{4}$ унца (или со 1 шолја мерка), изделете го тестото на тава обложена со пергамент. Рамно тапкајте ги врвовите на куполите од тестото за колачиња. Цврсто завиткајте ја тавата во пластична фолија и ставете ја во фрижидер најмалку 1 час или до 1 недела. Не ги печете вашите колачиња од собна температура - тие нема да се испечат правилно.

e) Загрејте ја рерната на 375°F.

f) Наредете го изладеното тесто на растојание од минимум 4 инчи на тави обложени со пергамент или силпат. Печете 18 минути. Колачињата ќе се издуват, ќе крцкаат и ќе се шират. Тешко е (некако невозможно) да се процени дали е подготвено колаче што е толку темно со чоколадо. Ако по 18 минути, колачињата сè уште изгледаат како тесто во центарот, оставете ги уште 1 минута во рерната, но не повеќе.

g) Оладете ги колачињата целосно на тавите пред да ги префрлите во чинија или во херметички сад за

складирање. На собна температура, колачињата ќе се чуваат свежи 5 дена; во замрзнувач ќе се чуваат 1 месец.

22. Колачиња со конфети

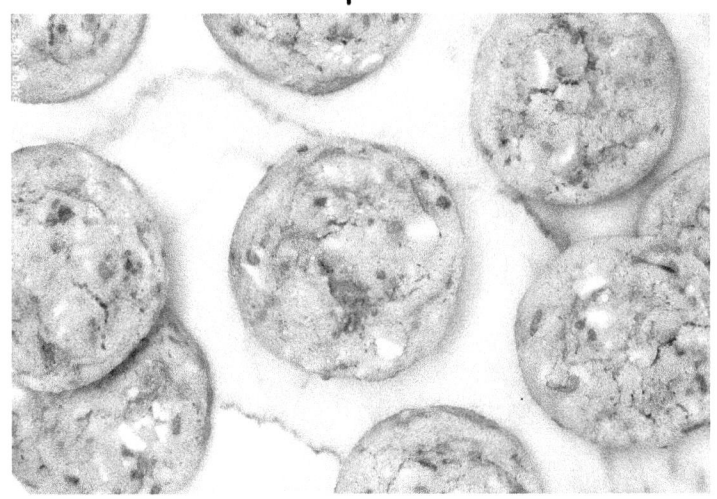

СЕ ПРАВИ 15 ДО 20 КОЛАЧИ

Состојки

- 225 г путер, на собна температура
- 300 гр шеќер [1½ чаши]
- 50 гр гликоза [2 лажици]
- 2 јајца
- 8 g чист екстракт од ванила [2 лажички]
- 400 гр брашно [2½ чаши]
- 50 гр млеко во прав [¼ чаша]
- 9 g крем забен камен [2 лажички]
- 6 g сода бикарбона [1 лажичка]
- 5 g кошер сол [1¼ лажичка]
- 40 гр виножито прскалки [¼ чаша]
- ½ порција Трошка од роденденска торта

Правци

а) Соединете ги путерот, шеќерот и гликозата во садот со миксер со додаток за лопатка и кремот заедно на средно висока 2 до 3 минути. Изгребете ги страните на садот, додадете ги јајцата и ванилата и матете 7 до 8 минути.

b) Намалете ја брзината на миксерот на минимум и додајте ги брашното, млекото во прав, павлаката од забен камен, сода бикарбоната, солта и посипите со виножито. Мешајте само додека тестото не се соедини, не подолго од 1 минута.

c) Со шпатула изгребете ги страните на садот.

d) Сè уште со мала брзина, додајте ги трошките од роденденската торта и мешајте 30 секунди - само додека не се вклопат.

e) Со помош на топка за сладолед од $2\frac{3}{4}$ унца (или со 1 шолја мерка), изделете го тестото на тава обложена со пергамент. Рамно тапкајте ги врвовите на куполите од тестото за колачиња. Цврсто завиткајте ја тавата во пластична фолија и ставете ја во фрижидер најмалку 1 час или до 1 недела. Не ги печете вашите колачиња од собна температура - тие нема да се испечат правилно.

f) Загрејте ја рерната на 350°F.

g) Наредете го изладеното тесто на растојание од минимум 4 инчи на тави обложени со пергамент или силпат. Печете 18 минути. Колачињата ќе се издуваат, ќе крцкаат и ќе се шират. По 18 минути, тие треба да бидат многу лесно заруменети на рабовите (златно кафеава на дното). Центрите ќе ги покажат само почетните знаци на боја. Оставете ги колачињата во рерната уште една минута, ако боите не се совпаѓаат, а колачињата сè уште изгледаат бледо и тесто на површината.

h) Оладете ги колачињата целосно на тавите пред да ги префрлите во чинија или во херметички сад за

складирање. На собна температура, колачињата ќе се чуваат свежи 5 дена; во замрзнувач ќе се чуваат 1 месец.

23. Колачиња за компост

СЕ ПРАВИ 15 ДО 20 КОЛАЧИ

Состојки

- 225 гр путер, на собна температура [16 лажици (2 стапчиња)]
- 200 гр гранулиран шеќер [1 чаша]
- 150 гр светло-кафеав шеќер [¼ чаша цврсто спакуван]
- 50 гр гликоза [2 лажици]
- 1 јајце
- 2 g екстракт од ванила [½ лажичка]
- 225 гр брашно [1⅓чаши]
- 2 g прашок за пециво [½ лажичка]
- 1,5 g сода бикарбона [¼ лажичка]
- 4 g кошер сол [1 кафена лажичка]
- 150 гр мини чоколадни чипови [¾ шолја]
- 100 гр мини чипс од путер [½ чаша]
- ¼ порција Грахам кора [85 g (½ чаша)]
- 40 g старомоден валани овес [⅓чаша]
- 5 g мелено кафе [2½ лажички]
- 50 гр чипс [2 чаши]
- 50 гр мини переци [1 чаша]

Правци

a) Соединете ги путерот, шеќерите и гликозата во садот со миксер опремен со додаток за лопатка и кремот заедно на средно висока 2 до 3 минути. Изгребете ги страните на садот, додајте ги јајцето и ванилата и матете 7 до 8 минути.

b) Намалете ја брзината на минимум и додајте ги брашното, прашокот за пециво, сода бикарбона и солта. Мешајте само додека тестото не се соедини, не подолго од 1 минута. Со шпатула изгребете ги страните на садот.

c) Сè уште на мала брзина, додајте ги чоколадните чипсови, чипсот од путер, греам корaта, овесот и кафето и измешајте само додека не се вклопат, околу 30 секунди. Додадете ги чипсот и ѓеврeците и лопатете, сè уште на мала брзина, додека не се вклопат. Внимавајте да не премешате или скршите премногу од ѓевреците или чипсот. Заслужувате тапкање по грб ако едно од вашите колачиња се испече со цел ѓеврек стои во центарот.

d) Со помош на топка за сладолед од $2\frac{3}{4}$ унца (или со 1 шолја мерка), изделете го тестото на тава обложена со пергамент. Рамно тапкајте ги врвовите на куполите од тестото за колачиња. Цврсто завиткајте ја тавата во пластична фолија и ставете ја во фрижидер најмалку 1 час или до 1 недела. Не ги печете вашите колачиња од собна температура - тие нема да се испечат правилно.

e) Загрејте ја рерната на 375°F.

f) Наредете го изладеното тесто на растојание од минимум 4 инчи на тави обложени со пергамент или силпат.

Печете 18 минути. Колачињата ќе се издуват, ќе крцкаат и ќе се шират. По 18 минути, тие треба да бидат многу слабо зарумени на рабовите, но сепак светло жолти во центарот. Дајте им дополнителна минута или нешто повеќе ако тоа не е така.

д) Оладете ги колачињата целосно на тавите пред да ги префрлите во чинија или во херметички сад за складирање. На собна температура, колачињата ќе се чуваат свежи 5 дена; во замрзнувач ќе се чуваат 1 месец.

24. Колачиња со путер од кикирики

СЕ ПРАВИ 15 ДО 20 КОЛАЦИ

Состојки

- 170 гр путер, на собна температура [12 лажици]
- 300 гр шеќер [1½ чаши]
- 100 g гликоза [¼ чаша]
- 260 гр путер од кикирики [1 чаша]
- 2 јајца
- 0,5 g екстракт од ванила [⅛ лажичка]
- 225 гр брашно [1⅓ чаши]
- 2 g прашок за пециво [½ лажичка]
- 1 g сода бикарбона [⅛ лажичка]
- 9 g кошер сол [2¼ лажички]
- ½ порција Кршливи кикирики

Правци

a) Соедините ги путерот, шеќерот и гликозата во садот со миксер со додаток за лопатка и кремот заедно на средно висока 2 до 3 минути. Изгребете ги страните на садот. Намачкајте со путерот од кикирики, потоа додадете ги јајцата и ванилата и матете 30 секунди на средно-висока брзина. Изгребете ги страните на садот, а потоа матете со средно-висока брзина 3 минути.

b) За тоа време шеќерните granули ќе се растворат и кремастата смеса ќе се удвои во големина. (Помалата пропорција на путер и присуството на путер од кикирики - што е одличен емулгатор - значи дека не треба да го правите стандардното 10-минутно кремирање за ова колаче.)

c) Намалете ја брзината на миксерот на минимум и додадете ги брашното, прашокот за пециво, сода бикарбона и солта. Мешајте само додека тестото не се соедини, не подолго од 1 минута. Изгребете ги страните на садот.

d) Сè уште со мала брзина, измешајте ги кршливите кикирики додека не се вклопат, не повеќе од 30 секунди.

e) Со помош на топка за сладолед од $2\frac{3}{4}$ унца (или со 1 шолја мерка), изделете го тестото на тава обложена со пергамент. Рамно тапкајте ги врвовите на куполите од тестото за колачиња. Цврсто завиткајте ја тавата со пластична фолија и ставете ја во фрижидер најмалку 1 час или до 1 недела. Не ги печете вашите колачиња од собна температура - тие нема да се испечат правилно.

f) Загрејте ја рерната на 375°F.

g) Наредете го изладеното тесто на растојание од минимум 4 инчи на тави обложени со пергамент или силпат. Печете 18 минути. Колачињата ќе се издуват, ќе крцкаат и ќе се шират. По 18 минути, тие треба да бидат потемнети со костенливи дамки насекаде. Дајте им дополнителна минута или нешто повеќе ако тоа не е така.

h) Оладете ги колачињата целосно на тавите пред да ги префрлите во чинија или во херметички сад за

складирање. На собна температура, колачињата ќе се чуваат свежи 5 дена; во замрзнувач ќе се чуваат 1 месец.

25. Овес колаче

ПРАВИ ОКОЛУ 1 ЧЕТВРТИНА ТАВКА

Состојки

- 115 гр путер, на собна температура [8 лажици (1 стап)]
- 75 g светло-кафеав шеќер [⅓чаша цврсто спакувана]
- 40 гр гранулиран шеќер [3 лажици]
- 1 жолчка од јајце
- 80 гр брашно [½ чаша]
- 120 гр старомоден валани овес [1½ шолја]
- 0,5 g прашок за пециво [⅛ лажичка]
- 0,25 гр сода бикарбона [штипка]
- 2 g кошер сол [½ лажичка]
- Пем или друг нелеплив спреј за готвење (опционално)

Правци

a) Загрејте ја рерната на 350°F.

b) Соедините ги путерот и шеќерите во садот со миксер со додаток за лопатка и кремот заедно на средно-висока 2 до 3 минути, додека не станат меки и бледожолти во боја. Со шпатула изгребете ги страните на садот. На мала брзина, додадете ја жолчката и зголемете ја брзината на средно-висока и матете 1 до 2 минути, додека шеќерните гранули целосно не се растворат и смесата не стане бледо бела.

c) На мала брзина додадете ги брашното, овесот, прашокот за пециво, содата и солта. Мешајте една минута, додека тестото не се соедини и не се соединат сите остатоци од суви состојки. Тестото ќе биде малку мека, мрсна смеса во споредба со вашето просечно тесто за колачиња. Изгребете ги страните на садот.

d) Пам-прскајте четвртина тава и обложете со пергамент или само обложете ја тавата со Silpat. Поставете го тестото за колачиња во центарот на тавата и со шпатула развлечете го додека не стане дебел $\frac{1}{4}$ инчи. Тестото нема да заврши со покривање на целата тава; ова е во ред.

e) Печете 15 минути или додека не наликува на колаче од овес - карамелизирано одозгора и малку надуено, но цврсто зацврстено. Целосно се лади пред употреба. Добро завиткано во пластика, овесното колаче ќе се чува свежо во фрижидер до 1 недела.

ПИТИ И ПИТА ФИЛ

26. Пита со сладолед од житарици

ПРАВИ 1 (10-ИНЧА) ПИТА; СЛУЖУВА 8 ДО 10

Состојки

- ½ порција Крнч од корнфлејк [180 гр (2 чаши)]
- 25 гр путер, стопен [2 лажици]
- 1 порција Сладолед од житарици

Правци

a) Користејќи ги рацете, смачкајте ги кластерите за крцкање со корнфлекс до половина од нивната големина.

b) Фрлете го стопениот путер во крцкањето со корнфлекс, добро измешајте. Користејќи ги прстите и дланките на рацете, цврсто притиснете ја смесата во калап за пита од 10 инчи, осигурувајќи се дека дното и страните на калапот за пита се рамномерно покриени. Завиткана во пластика, кората може да се замрзне до 2 недели.

c) Користете шпатула за да го намачкате сладоледот во лушпата за пита. Замрзнете ја питата најмалку 3 часа, или додека сладоледот не се замрзне доволно силно, па питата лесно се сече и се сервира. Завиткана во најлонска фолија, питата ќе се чува 2 недели во замрзнувач.

27. ПБ и J пита

ПРАВИ 1 (10-ИНЧА) ПИТА; СЛУЖУВА 8 ДО 10

Состојки

- 1 порција непечен Ritz Crunch
- 1 порција Нугат од путер од кикирики
- 1 порција Конкорд сорбет од грозје
- ½ порција сос од грозје Конкорд

Правци

a) Загрејте ја рерната на 275°F.

b) Притиснете го крцкањето Ritz во калап за пита од 10 инчи. Користејќи ги прстите и дланките на рацете, цврсто притиснете го крцкањето, внимавајќи да ги покриете дното и страните рамномерно и целосно.

c) Калапот се става на плех и се пече 20 минути. Корага од Риц треба да биде малку повеќе златно-кафеава и малку подлабока во маслена густина од крцкањето со кое започнавте. Целосно изладете ја корага за крцкање на Риц; завиткана во пластика, корага може да се замрзне до 2 недели.

d) Расфрлете ја нугата од путер од кикирики над дното на корага за пита и потоа нежно притиснете ја надолу за да формирате рамен слој. Замрзнете го овој слој 30 минути или додека не се излади и цврсти. Намачкајте го шербетот врз нугата и премачкајте го во рамномерен слој. Ставете ја питата во замрзнувач додека не се стегне шербетот, 30 минути до 1 час.

e) На врвот на питата намачкајте го сосот од грозје Конкорд и, брзо работејќи, рамномерно распоредете го врз шербетот.

f) Повторно ставете ја питата во замрзнувач додека не е подготвена да ја исечете и послужете. Завиткана (нежно) во пластика, питата може да се замрзне до 1 месец.

28. Пита со грејпфрут

ПРАВИ 1 (10-ИНЧА) ПИТА; СЛУЖУВА 8 ДО 10

Состојки

- 1 порција непечен Ritz Crunch
- 1 порција грејпфрут страстна урда
- 1 порција засладен кондензиран грејпфрут

Правци

a) Загрејте ја рерната на 275°F.

b) Притиснете го крцкањето Ritz во калап за пита од 10 инчи. Користејќи ги прстите и дланките на рацете, цврсто притиснете го крцкањето, внимавајќи да ги покриете дното и страните рамномерно и целосно.

c) Калапот се става на плех и се пече 20 минути. Кората од Риц треба да биде малку повеќе златно-кафеава и малку подлабока во маслена густина од крцкањето со кое започнавте. Целосно изладете ја кората; завиткана во пластика, кората може да се замрзне до 2 недели.

d) Со помош на лажица или офсет шпатула, рамномерно распоредете ја страста урда од грејпфрут над дното на кората од Риц. Ставете ја питата во замрзнувач за да се стегне урдата, околу 30 минути.

e) Со помош на лажица или офсет шпатула, намачкајте го засладениот кондензиран грејпфрут врз урдата, внимавајќи да не ги измешате двата слоја и проверете дали урдата е целосно покриена. Вратете го во замрзнувач додека не се подготвите за исечкање и сервирање.

29. Крем пита со банана

ПРАВИ 1 (10-ИНЧА) ПИТА; СЛУЖУВА 8 ДО 10

Состојки

- 1 порција крем од банана
- 1 порција Чоколадна кора
- 1 банана, само зрела, исечена

крем од банана

- 225 гр банани
- 75 g дебел павлака [⅓ чаша]
- 55 гр млеко [¼ чаша]
- 100 гр шеќер [½ чаша]
- 25 гр пченкарен скроб [2 лажици]
- 2 g кошер сол [½ лажичка]
- 3 жолчки
- 2 листови желатин
- 40 гр путер [3 лажици]
- 25 капки жолта прехранбена боја [½ лажичка]
- 160 гр дебела павлака [¾ чаша]
- 160 гр шеќер за слатки [1 чаша]

Правци

a) Истурете половина од кремот од банана во лушпата за пита. Покријте го со слој исечкани банани, па покријте ги бананите со преостанатиот крем од банана. Питата треба да се чува во фрижидер и да се јаде во рок од еден ден од кога ќе ја подготвите.

b) Измешајте ги бананите, павлаката и млекото во блендер и пасирајте додека не се целосно изедначени.

c) Додадете ги шеќерот, пченкарниот скроб, солта и жолчките и продолжете да матете додека не се хомогена. Истурете ја смесата во средно тенџере. Исчистете го канистерот за блендер.

d) Расцутете го желатинот.

e) Изматете ја содржината на тавата и загрејте ја на средно-тивок оган. Како што ќе се загрее смесата од банана, ќе се згусне. Оставете да зоврие и потоа продолжете силно да матете 2 минути за целосно да се зготви скробот. Смесата ќе личи на густ лепак, граничи со цемент, со боја што ќе одговара.

f) Истурете ја содржината на тавата во блендерот. Додадете го расцутениот желатин и путерот и блендирајте додека смесата не стане мазна и изедначена. Обојте ја смесата со жолта прехранбена боја додека не добие светла цртано-банана жолта боја.

g) Префрлете ја смесата од банана во сад кој е безбеден за топлина и ставете го во фрижидер 30 до 60 минути - колку што е потребно целосно да се излади.

h) Со помош на жица за матење или миксер со додатокот за матење, изматете го кремот и шеќерот од слатки до средно меки врвови.

i) Додадете ја ладната смеса од банана во изматената павлака и полека матете додека не се изедначи и хомогена. Се чува во херметички сад, кремот од банана се чува свеж до 5 дена во фрижидер.

30. Пита со пусти

ПРАВИ 1 (10-ИНЧА) ПИТА; СЛУЖУВА 8 ДО 10

Состојки

- ¾ порција Грахам кора [255 g (1½ чаши)]
- 125 g 72% чоколадо [4½ унци]
- 85 гр путер [6 супени лажици]
- 2 јајца
- 150 гр шеќер [¾ чаша]
- 40 гр брашно [¼ чаша]
- 25 g какао во прав
- 2 g кошер сол [½ лажичка]
- 110 гр дебела павлака [½ чаша]

Правци

a) Загрејте ја рерната на 350°F.

b) Истурете 210 g (1¼ чаши) кора од Греам во калап за пита од 10 инчи и ставете ги преостанатите 45 g (¼ чаша) на страна. Со прстите и со дланките цврсто притиснете ја кората во калапот за пита, покривајќи ги целосно дното и страните на тавата. Завиткана во пластика, кората може да се чува во фрижидер или замрзната до 2 недели.

c) Измешајте ги чоколадото и путерот во сад за микробранова печка и нежно растопете ги на тивко 30 до

50 секунди. Користете шпатула отпорна на топлина за да ги измешате, работејќи додека смесата не стане сјајна и мазна.

d) Измешајте ги јајцата и шеќерот во садот со миксер со додаток за матење и изматете ги на високо ниво 3 до 4 минути, додека смесата не стане мазна и бледо жолта и не ја достигне состојбата на лентата. (Отстранете го матењето, потопете го во изматените јајца и замавнете го напред-назад како нишало: смесата треба да формира задебелена, свилена лента што паѓа, а потоа исчезнува во тестото.) Ако смесата не формира ленти, продолжете камшикување на високо по потреба.

e) Заменете го размахване со додаток за лопатка. Истурете ја чоколадната смеса во јајцата и кратко измешајте ја на тивко, а потоа зголемете ја брзината на средна и измешајте ја смесата 1 минута или додека не стане кафеава и целосно хомогена. Ако има темни ленти од чоколадо, веслајте неколку секунди подолго или по потреба. Изгребете ги страните на садот.

f) Додадете ги брашното, какаото во прав и солта и лопатете на мала брзина 45 до 60 секунди. Не треба да има груткѝ суви состојки. Ако има груткѝ, мешајте уште 30 секунди. Изгребете ги страните на садот.

g) Истурете го густиот крем со мала брзина, мешајќи 30 до 45 секунди, само додека тестото малку да се олабави и целосно да се измешаат белите ленти од кремот. Изгребете ги страните на садот.

h) Откачете ја лопатката и извадете го садот од миксер. Нежно преклопете ја кората од греам од 45 g ($\frac{1}{4}$ чаша) со шпатула.

i) Земете тавче и ставете го вашиот плех за пита со кора од Греам. Со шпатула изгребете го тестото за пусти во грахам лушпата. Печете 25 минути. Питата треба малку да издува од страните и одозгора да добие зашеќерена кора. Ако питата со пусти е сè уште течна во центарот и не формирала кора, печете ја уште околу 5 минути.

j) Оладете ја питата на решетка. (Можете да го забрзате процесот на ладење со внимателно префрлање на питата во фрижидер или замрзнувач директно надвор од рерната ако брзате.) Завиткана во пластика, питата ќе се чува свежа во фрижидер до 1 недела или во замрзнувач до 2 недели.

31. Пита со скакулец

ПРАВИ 1 (10-ИНЧА) ПИТА; СЛУЖУВА 8 ДО 10

Состојки

- 1 порција кафена пита, подготвена низ чекор 8
- 1 порција Фил за чизкејк со нане
- 20 гр мини чоколадни чипови [2 лажици]
- 25 гр мини бел слез [½ чаша]
- 1 порција глазура од нане, топла

Правци

a) Загрејте ја рерната на 350°F.

b) Земете тавче и ставете го вашиот плех за пита со кора од Греам. Во лушпата истурете го филот за чизкејк од нане. Врз него прелијте го тестото за пусти. Користете го врвот на ножот за да го завиткате филот со тесто и нане, закачувајќи ги лентите од филот од нане за да се покажат низ тестото за пусти.

c) Посипете ги мини чоколадните чипови во мал прстен во центарот на питата, оставајќи го центарот на очите на бикот празен. Посипете ги мини бел слез во прстен околу прстенот од чоколадни чипови.

d) Печете ја питата 25 минути. Треба малку да се издува на рабовите, но сепак да биде затегнато во центарот. Мини чоколадните чипови ќе изгледаат како да почнуваат да се топат, а мини бел слез треба да бидат рамномерно исончани. Оставете ја питата во рерна уште 3 до 4 минути доколку не е така.

e) Целосно изладете ја питата пред да ја завршите.

f) Погрижете се вашата глазура да биде сè уште топла на допир. Потопете ги прстите на вилушката во топлата глазура, а потоа закачете ја вилушката околу 1 инч над центарот на питата од биковите очи.

g) Префрлете ја питата во фрижидер за да се зацврсти глазурата од нане пред сервирање - што ќе се случи штом ќе се излади, околу 15 минути. Завиткана во пластика, питата ќе се чува свежа во фрижидер до 1 недела или во замрзнувач до 2 недели.

32. Русокоса пита

ПРАВИ 1 (10-ИНЧА) ПИТА; СЛУЖУВА 8 ДО 10

Состојки

- ¾ сервирање Грахам кора
- [255 g (1½ чаши)]
- 1 порција фил за русокоса пита
- 1 порција кашу пралин

Правци

a) Загрејте ја рерната на 325°F.

b) Истурете ја кората од Греам во калап за пита од 10 инчи. Со прстите и со дланките цврсто притиснете ја кората во калапот за пита, покривајќи ги рамномерно дното и страните. Оставете го на страна додека го правите филот. Завиткана во пластика, кората може да се чува во фрижидер или замрзната до 2 недели.

c) Калапот за пита ставете го на тавче и истурете го филот за русокоса пита. Печете ја питата 30 минути. Ќе се постави малку во центарот и ќе потемни во боја. Додадете 3 до 5 минути ако тоа не е така. Оставете да се излади на собна температура.

d) Непосредно пред сервирање, прелијте го врвот на питата со пралината од индиски ореви.

33. Полнење за русокоса пита

ЗДРАВУВА ОКОЛУ 540 g (2¼ чаши)

Состојки

- 160 гр бело чоколадо [5½ унци]
- 55 гр путер [4 супени лажици (½ стап)]
- 2 жолчки
- 40 гр шеќер [3 лажици]
- 105 g дебел павлака [½ чаша]
- 52 g брашно [⅓ чаша]
- ½ порција Кашу Брит
- 4 g кошер сол [1 кафена лажичка]

Правци

а) Соединете ги белото чоколадо и путерот во сад за микробранова печка и нежно растопете ги на средно, во чекори од 30 секунди, мешајќи помеѓу минувањата. Откако ќе се стопи, изматете ја смесата додека не се израмни.

b) Во средна чинија ставете ги жолчките и шеќерот и изматете ги додека не се изедначи. Истурете ја смесата со бело чоколадо и изматете да се соедини. Полека прелијте го густиот крем и изматете да се соедини.

c) Во помал сад измешајте ги брашното, индиските ореви кршливи и солта, а потоа внимателно преклопете ги во филот. Користете веднаш или чувајте го во херметички сад во фрижидер до 2 недели.

34. Пита со бонбони

ПРАВИ 1 (10-ИНЧА) ПИТА; СЛУЖУВА 8

Состојки

- 1 порција Солен карамел, стопен
- 1 порција Чоколадна кора, во фрижидер
- 8 мини переци
- 1 порција Нугат од путер од кикирики
- 45 g 55% чоколадо [1½ унца]
- 45 г бело чоколадо [1½ унца]
- 20 гр масло од семе од грозје [2 лажици]

Правци

a) Во кората истурете ја солената карамела. Вратете го во фрижидер да отстои најмалку 4 часа или преку ноќ.

b) Загрејте ја рерната на 300°F.

c) Намачкајте ги переците на плех и тостирајте 20 минути. Се трга на страна да се излади.

d) Извадете ја питата од фрижидер и покријте го лицето на зацврстената карамела со нугата. Користете ги дланките за да притиснете надолу и измазнете ја нугата во рамномерен слој. Вратете ја питата во фрижидер и оставете ја нугата да се стегне 1 час.

e) Направете чоколадна глазура со спојување на чоколадите и маслото во сад за микробранова печка и нежно стопете ги на медиум во чекори од 30 секунди, мешајќи помеѓу експлозиите. Откако ќе се растопи чоколадото, изматете ја смесата додека не се изедначи и сјајна. Користете ја глазурата истиот ден или чувајте ја во херметички сад на собна температура до 3 недели.

f) Завршете ја таа пита: извадете ја од фрижидер и со четка за пециво обојте тенок слој од чоколадната глазура над нугата покривајќи ја целосно. (Ако глазурата се стегнала, нежно загрејте ја за да може лесно да се наслика на питата.) Наредете ги ѓеврците рамномерно околу рабовите на питата. Користете ја четката за пециво за да ја обоите преостанатата чоколадна глазура во тенок слој над ѓеврците, запечатувајќи ја нивната свежина и вкус.

g) Ставете ја питата во фрижидер најмалку 15 минути за да се стегне чоколадото. Завиткана во пластика, питата ќе се чува свежа во фрижидер 3 недели или во замрзнувач до 2 месеци; одмрзнете пред сервирање.

h) Исечете ја питата на 8 парчиња, користејќи ги ѓеврците како водич: на секое парче треба да има цел ѓеврек.

35. Пита со пунџа со цимет

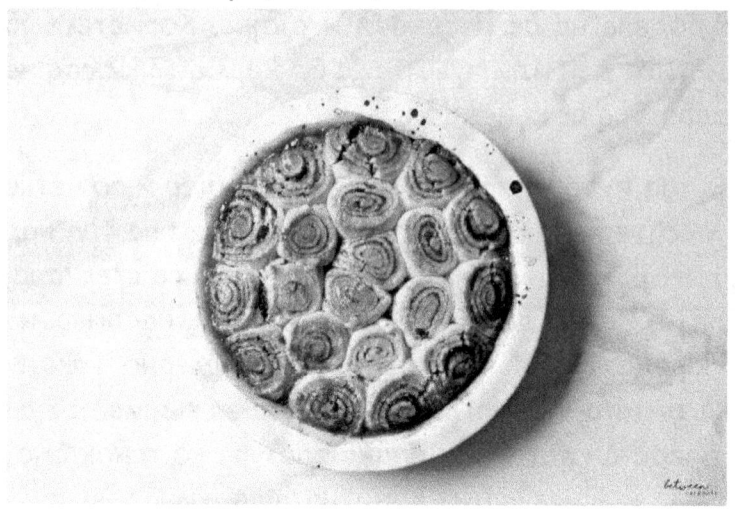

ПРАВИ 1 (10-ИНЧА) ПИТА; СЛУЖУВА 8 ДО 10

Состојки

- ½ порција мајчино тесто, докажано
- 30 гр брашно, за бришење прашина [3 лажици]
- 80 гр кафеав путер [¼ чаша]
- 1 порција Течен чизкејк
- 60 гр светло-кафеав шеќер [¼ чаша цврсто спакуван]
- 1 g кошер сол [¼ лажичка]
- 2 g мелен цимет [1 лажичка]
- 1 порција Cinnamon Streusel

Правци

a) Загрејте ја рерната на 350°F.

b) Исчукајте го и израмнете го тестото тесто.

c) Земете прстофат брашно и фрлете го преку површината на мазна сува маса како да прескокнувате камен на вода, за лесно да се премачка шанкот. Земете уште една прстофат брашно и лесно исчистете го сукалото. Користете го сукалото за да го израмните издупчениот круг тесто, а потоа развлечете го тестото со сукалото или рачно развлечете го тестото како да правите пица од нула. Вашата крајна цел е да создадете голем круг кој е приближно 11 инчи во дијаметар. Чувајте го вашиот калај за пити од 10 инчи во близина за референца. Кругот тесто од 11 инчи треба да биде дебел од $\frac{1}{4}$ до $\frac{1}{2}$ инчи.

d) Нежно ставете го тестото во калапот за пита. Наизменично со користење на прстите и дланките на рацете за да го притиснете тестото цврсто на своето место. Калапот за пита ставете го на тавче.

e) Користете го задниот дел од лажицата за да намачкате половина од кафениот путер во рамномерен слој над тестото.

f) Користете го задниот дел од друга лажица (не сакате кафеав путер во вашиот кремаст бел чизкејк слој!) за да намачкате половина од течниот чизкејк во рамномерен слој над кафеавиот путер. Намачкајте го преостанатиот кафеав путер во рамномерен слој врз течниот чизкејк.

g) Распрснете го кафеавиот шеќер врз кафениот путер. Притиснете го со задниот дел од раката за да го одржите на место. Потоа рамномерно посипете ги со солта и циметот.

h) Сега за најтешкиот слој: преостанатиот течен чизкејк. Останете ладни и размачкајте го колку што можете нежно за да постигнете што е можно порамномерен слој.

i) Посипете го Streusel рамномерно врз слојот од чизкејк. Користете го задниот дел од раката за да го прицврстите Streusel.

j) Печете ја питата 40 минути. Корaта ќе се издува и ќе заруме́ни, течниот чизкејк ќе се стегне, а преливот Штрејзел ќе се крцка и ќе порумени. По 40 минути, нежно протресете ја тавата. Средината на питата треба да биде малку раздвижена. Филот треба да се постави кон надворешните граници на калапот за пита. Ако дел од филот изби на тавата подолу, не грижете се - сметајте го за ужина за подоцна. Доколку е потребно, печете уште 5 минути, додека питата не го исполни описот погоре.

k) Оладете ја питата на решетка. За складирање, целосно изладете ја питата и добро завиткајте во пластична фолија. Во фрижидер, питата ќе се чува свежа 3 дена (кората брзо застарува); во замрзнувач, ќе се чува 1 месец.

l) Кога ќе бидете подготвени да ја послужите питата, знајте дека најдобро е да се служи топла! Исечете го и испечете го секое парче во микробранова на високо ниво 30 секунди или загрејте ја целата пита во рерна на 250 °F 10 до 20 минути, а потоа исечете ги и послужете.

36. Пита со меренга-фстаци со лимон

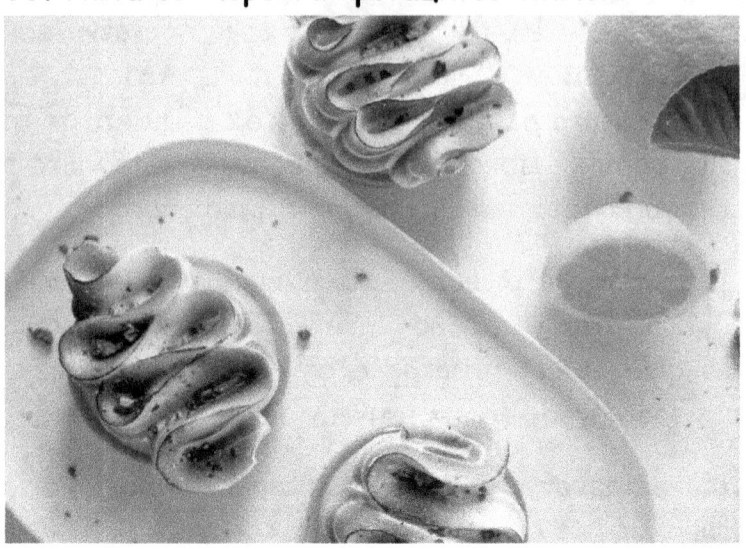

ПРАВИ 1 (10-ИНЧА) ПИТА; СЛУЖУВА 8 ДО 10

Состојки

- 1 порција крцкање со ф'стаци
- 15 гр бело чоколадо, стопено [½ унца]
- ¼ порција урда од лимон [305 g (1⅓чаши)]
- 200 гр шеќер [1 чаша]
- 100 гр вода [½ чаша]
- 3 белки
- ⅓порција урда од лимон [155 g (¼ чаша)]

Правци

a) Истурете го крцкањето од ф'стаци во калап за пита од 10 инчи. Со прстите и дланките на рацете, цврсто притиснете го крцкањето во калапот за пита, осигурувајќи се дека дното и страните се рамномерно покриени. Оставете го на страна додека го правите филот; завиткана во пластика, корaтa може да се чува во фрижидер, до 2 недели.

b) Со помош на четка за пециво, обојте тенок слој од белото чоколадо на дното и нагоре од страните на корaтa. Се става корaтa во замрзнувач 10 минути за да се стегне чоколадото.

c) Ставете 305 g (1⅓шолји) лимонска урда во помал сад и измешајте да се олабави малку. Истурете ја урдата од лимон во кора и со задниот дел од лажицата или шпатулата намачкајте ја во рамномерен слој. Ставете ја питата во замрзнувач околу 10 минути за да помогне да се стегне слојот од лимонска урда.

d) Во меѓувреме, измешајте ги шеќерот и водата во мало тенџере со тешко дно и нежно истурете го шеќерот наоколу во водата додека не се чувствува како влажен песок. Ставете го тенџерето на средна топлина и загрејте ја смесата до 115°C (239°F), следејќи ја температурата со термометар за моментално читање или бонбони.

e) Додека шеќерот се загрева, белките ставете ги во сад со миксер и со додатокот за матење почнете да ги матете до средно меки врвови.

f) Штом шеќерниот сируп ќе достигне 115°C (239°F), тргнете го од оган и многу внимателно истурете го во белките за матење, внимавајќи да избегнете матење: намалете го миксерот на многу мала брзина пред да го направите ова. освен ако не сакате некои интересни изгореници на вашето лице.

g) Откако целиот шеќер успешно ќе се додаде во белките, завртете ја брзината на миксерот и оставете ја меренката да измати додека не се излади на собна температура.

h) Додека се матат меренгата, ставете ги 155 g (¼ шолја) лимонова урда во голем сад и измешајте, со помош на шпатула, за малку да се олабави.

i) Кога меренгата ќе се олади на собна температура, исклучете го миксерот, извадете го садот и со шпатулата свиткајте ја во урдата од лимон додека не останат бели ленти, внимавајќи да не се издува.

j) Извадете ја питата од замрзнувачот и врз урдата од лимон изматете ја лимонската маренга. Со лажица намачкајте ја меренгата во рамномерен слој, целосно покривајќи ја лимонската урда.

k) Послужете ја или чувајте ја питата во замрзнувач додека не е подготвена за употреба. Цврсто завиткано во пластична фолија штом ќе се замрзне цврсто, ќе се чува во замрзнувач до 3 недели. Оставете ја питата да се одмрзне преку ноќ во фрижидер или најмалку 3 часа на собна температура пред да ја послужите.

37. Полнење за пита со пукнатини

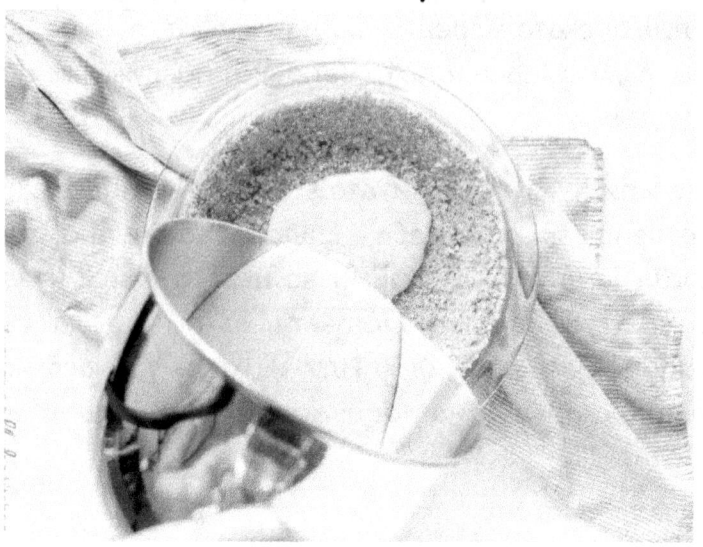

ДОСТАВУВА ЗА 2 (10-ИНЧНИ) ПУКНИ ПИТИ

Состојки

- 300 гр гранулиран шеќер [1½ чаши]
- 180 гр светло-кафеав шеќер [¾ чаша цврсто спакуван]
- 20 гр млеко во прав [¼ чаша]
- 24 гр пченка во прав [¼ чаша]
- 6 g кошер сол [1½ лажичка]
- 225 гр путер, стопен [16 лажици (2 стапчиња)]
- 160 гр дебела павлака [¾ чаша]
- 2 g екстракт од ванила [½ лажичка]
- 8 жолчки

Правци

a) Соединете го шеќерот, кафеавиот шеќер, млекото во прав, пченкарниот прав и солта во садот со миксер со додаток за лопатка и измешајте со мала брзина додека не се изедначи.

b) Додадете го стопениот путер и лопатете 2 до 3 минути додека не се влажни сите суви состојки.

c) Додадете ја густата павлака и ванилата и продолжете со мешање на тивко 2 до 3 минути додека сите бели ленти од кремот целосно не исчезнат во смесата. Со шпатула изгребете ги страните на садот.

d) Додадете ги жолчките од јајцето, вметнувајќи ги во смесата само да се соединат; внимавајте смесата да не се проветрува, но бидете сигурни дека смесата е сјајна и хомогена. Мешајте на мала брзина додека не биде.

е) Искористете го филот веднаш или чувајте го во херметички сад во фрижидер до 1 недела.

38. Пукна пита

ПРАВИ 2 (10-ИНЧИ) ПИТИ; СЕКОЈ СЕ ПОСЛУЖИ 8 ДО 10

Состојки

- 1 порција Овес колаче
- 15 g светло-кафеав шеќер [1 лажица цврсто спакуван]
- 1 g сол [¼ лажичка]
- 55 гр путер, стопен или по потреба [4 лажици (½ стап)]
- 1 порција Полнење за пита со пукнатини
- слаткарски шеќер, за бришење прашина

Правци

a) Загрејте ја рерната на 350°F.

b) Ставете го овесното колаче, кафеавиот шеќер и солта во процесор за храна и пулсирајте го и исклучете го додека колачето не се распадне на влажен песок. (Ако немате процесор за храна, можете да го лажирате додека не го направите и вредно да го искршите колачето со овес со рацете.)

c) Префрлете ги трошките во сад, додадете го путерот и измесете ја смесата со путерот и мелените колачиња додека не се навлажни доволно за да се формира топка. Ако не е доволно влажно за да го направите тоа, растопете дополнителни 14 до 25 g (1 до 1 ½ лажица) путер и замесете го.

d) Поделете ја овесната кора рамномерно помеѓу 2 (10-инчни) калапи за пита. Користејќи ги прстите и дланките на вашите раце, цврсто притиснете ја корaта за колачиња од овес во секоја калап за пита, внимавајќи дното и страните на плехот да бидат рамномерно покриени. Употребете ги лушпите за пита веднаш, или добро завиткајте ги во пластика и чувајте ги на собна температура до 5 дена или во фрижидер до 2 недели.

e) Ставете ги двете кори од пита на тавче. Поделете го филот за пита рамномерно меѓу корите; филот треба да ги наполни три четвртини од патот. Печете само 15 минути. Питите треба да бидат златно кафеави одозгора, но сепак ќе бидат многу жиги.

f) Отворете ја вратата од рерната и намалете ја температурата на рерната на 325°F. Во зависност од вашата рерна, може да бидат потребни 5 минути или подолго за рерната да се излади на новата температура. Чувајте ги питите во рерна за време на овој процес. Кога рерната ќе достигне 325°F, затворете ја вратата и печете ги питите уште 5 минути. Питите сè уште треба да се вртат во центарот на биковите очи, но не околу надворешните рабови. Ако филот сè уште е премногу жигав, оставете ги питите во рерна уште 5 минути или повеќе.

g) Нежно извадете ја тавата со пукнатини од рерна и префрлете ја на решетка да се излади на собна температура. (Можете да го забрзате процесот на ладење со внимателно префрлање на питите во фрижидер или замрзнувач ако брзате.) Потоа замрзнете ги вашите пити најмалку 3 часа, или преку ноќ, за да се кондензира филот за густ финален производ - замрзнувањето е потписна техника и резултат на совршено изведена крек пита.

h) Ако не ги послужите питите веднаш, добро завиткајте во пластична фолија. Во фрижидер, тие ќе се чуваат свежи 5 дена; во замрзнувач ќе се чуваат 1 месец. Префрлете ја питата(ите) од замрзнувачот во фрижидер за да се одмрзне минимум 1 час пред да бидете подготвени да влезете таму.

i) Послужете ја ладна пита со крек! Украсете ја вашата пита(и) со шеќер од слатки, или поминувајќи ја низ ситно сито или штипкајќи со прстите.

ТРОШКА

39. Млечна трошка

ЗДРАВУВА ОКОЛУ 260 G (2¼ чаши)

Состојки

- 40 гр млеко во прав [½ чаша]
- 40 гр брашно [¼ чаша]
- 12 гр пченкарен скроб [2 лажици]
- 25 гр шеќер [2 лажици]
- 2 g кошер сол [½ лажичка]
- 55 гр путер, стопен [4 лажици (½ стап)]
- 20 гр млеко во прав [¼ чаша]
- 90 гр бело чоколадо, стопено [3 унци]

Правци

a) Загрејте ја рерната на 250°F.

b) Комбинирајте ги 40 g (½ чаша) млеко во прав, брашното, пченкарен скроб, шеќерот и солта во средна чинија. Фрлете со раце да се измешате. Додадете го растопениот путер и фрлајте со шпатула додека смесата не почне да се спојува и да формира мали гроздови.

c) Распоредете ги кластерите на тава обложена со пергамент или силпат и печете ги 20 минути. Трошките треба да бидат песочни во тој момент, а вашата кујна треба да мириса на путер рај. Изладете ги трошките целосно.

d) Скршете ги сите кластери од млечни трошки кои се поголеми од ½ инчи во дијаметар и ставете ги трошките во средна чинија. Додадете ги 20 g ($\frac{1}{4}$ шолја) млеко во прав и измешајте додека не се распореди рамномерно низ смесата.

e) Истурете го белото чоколадо врз трошките и измешајте. Потоа продолжете да ги фрлате на секои 5 минути додека белото чоколадо не се стврдне и гроздовите повеќе не се лепливи. Трошките ќе се чуваат во херметички сад во фрижидер или замрзнувач до 1 месец.

40. Трошка од млеко од бобинки

ЗДРАВУВА ОКОЛУ 320 g (2½ чаши)

Состојки

- 1 порција Млечна трошка
- 40 g замрзнато сушени цреши во прав [½ чаша]
- 20 g замрзнато сушени боровинки во прав [¼ чаша]
- 0,5 g кошер сол [⅛ лажичка]

Правци

a) Фрлете ги млечните трошки со прашокот од бобинки и солта во средна чинија додека сите трошки не станат рамномерно попрскани црвени и сини, премачкани во прав од бобинки.

b) Трошките ќе се чуваат во херметички сад во фрижидер или замрзнувач до 1 месец.

41. Трошка за роденденска торта

ЗДРАВУВА ОКОЛУ 275 g (2¼ чаши)

Состојки

- 100 гр гранулиран шеќер [½ чаша]
- 25 g светло-кафеав шеќер [1½ лажица цврсто спакуван]
- 90 гр брашно за колачи [¾ чаша]
- 2 g прашок за пециво [½ лажичка]
- 2 g кошер сол [½ лажичка]
- 20 гр виножито прскалки [2 лажици]
- 40 гр масло од семе од грозје [¼ чаша]
- 12 g чист екстракт од ванила [1 лажица]

Правци

a) Загрејте ја рерната на 300°F.

b) Соединете ги шеќерите, брашното, прашокот за пециво, солта и посипете ги во садот со миксер на кој има додаток за лопатка и мешајте на мала брзина додека добро не се соедини.

c) Додадете го маслото и ванилата и повторно лопатете за да се распределат. Влажните состојки ќе делуваат како лепак за да им помогнат на сувите состојки да формираат мали кластери; продолжи со веслање додека тоа не се случи.

d) Распоредете ги кластерите на тавче обложено со пергамент или силпат. Печете 20 минути, повремено кршејќи ги.

42. Сладена млечна трошка

ЗДРАВУВА ОКОЛУ 375 g (2½ чаши)

Состојки

- 1 порција Млечна трошка
- 60 g Овалтин, со вкус на слад [¾ чаша]
- 90 гр бело чоколадо, стопено [3 унци]

Правци

a) Фрлете ги млечните трошки со прашокот од слад Ovaltine во средна чинија додека сите трошки не добијат светло кафена боја.

b) Истурете ја белата чоколада врз трошките и продолжете да фрлате додека не се обложат сите гроздови. Потоа продолжете да ги фрлате на секои 5 минути додека белото чоколадо не се стврдне и гроздовите повеќе не се лепливи. (Резултатот ќе биде исто како и оригиналната млечна трошка, но со дамка од светло-кафеав слад како гепар.) Трошките ќе се чуваат во херметички сад во фрижидер или замрзнувач до 1 месец.

43. Чоколадна трошка

ЗДРАВУВА ОКОЛУ 350 g (2½ чаши)

Состојки

- 105 гр брашно [¼ чаша]
- 4 гр пченкарен скроб [1 лажичка]
- 100 гр шеќер [½ чаша]
- 65 гр какао во прав
- 4 g кошер сол [1 кафена лажичка]
- 85 гр путер, стопен [6 лажици]

Правци

a) Загрејте ја рерната на 300°F.

b) Соединете ги брашното, пченкарниот скроб, шеќерот, какаото во прав и солта во садот со миксер на кој се наоѓа додатокот за лопатка и лопатете на мала брзина додека не се измешаат.

c) Додадете го путерот и лопатете со мала брзина додека смесата не почне да се собира во мали гроздови.

d) Распоредете ги кластерите на тавче обложено со пергамент или силпат. Печете 20 минути, повремено кршејќи ги. Трошките сè уште треба да бидат малку влажни на допир во тој момент; ќе се исушат и стврднат додека се ладат.

e) Оставете ги трошките целосно да се изладат пред да ги користите.

44. Трошка од пита

ЗАРАБОТУВА ОКОЛУ 350 г (2¾ чаши)

Состојки

- 240 гр брашно [1½ чаши]
- 18 гр шеќер [2 лажици]
- 3 g кошер сол [¾ лажичка]
- 115 гр путер, стопен [8 лажици (1 стап)]
- 20 g вода [1½ лажица]

Правци

a) Загрејте ја рерната на 350°F.

b) Соединете ги брашното, шеќерот и солта во садот со миксер опремен со додаток за лопатка и лопатете со мала брзина додека не се измешаат добро.

c) Додадете ги путерот и водата и лопатете со мала брзина додека смесата не почне да се соединува во мали гроздови.

d) Распоредете ги кластерите на тавче обложено со пергамент или силпат. Печете 25 минути, повремено кршејќи ги. Трошките треба да бидат златно-кафеави и сè уште малку влажни на допир во тој момент; ќе се исушат и стврднат додека се ладат.

e) Оставете ги трошките целосно да се изладат пред да ги користите.

45. Замрзнување од трошки од пита

СЕ ПРАВИ ОКОЛУ 220 Г ($\frac{3}{4}$ шолја), ИЛИ ДОВОЛНО ЗА 2 КОЛАЧИ СО СЛОЈОТ ОД ЈАБОКА

Состојки

- $\frac{1}{2}$ порција трошка пита
- 110 гр млеко [$\frac{1}{2}$ чаша]
- 2 g кошер сол [$\frac{1}{2}$ лажичка]
- 40 гр путер, на собна температура [3 лажици]
- 40 гр шеќер за слатки [$\frac{1}{4}$ чаша]

Правци

a) Измешајте ги трошките од пита, млекото и солта во блендер, навртете ја брзината на средно-висока и пасирајте додека не се изедначи и хомогена. Ќе бидат потребни 1 до 3 минути (во зависност од чудесноста на вашиот блендер). Ако смесата не се фати на сечилото на вашиот блендер, исклучете го блендерот, земете мала лажичка и изгребете ги страните на канистерот, не заборавајте да изгребете под сечилото, а потоа обидете се повторно.

b) Соединете ги путерот и шеќерот за слатки во садот со миксер за држење со додаток за лопатка и кремот заедно на средно-висока 2 до 3 минути, додека не станат меки и бледо жолти. Со шпатула изгребете ги страните на садот.

c) Со мала брзина, лопатете ја содржината на блендерот. По 1 минута, избркајте ја брзината до средно-висока и оставете ја да рипа уште 2 минути. Изгребете ги страните на садот. Ако смесата не е униформа, многу бледа, едвај кафеава боја, дајте му на садот уште едно стругање и уште една минута веслање со голема брзина.

d) Употребете го замрзнувањето веднаш или чувајте го во херметички сад во фрижидер до 1 недела.

КОРА И ТЕСТО

46. Чоколадна кора

ПРАВИ 1 (10-ИНЧА) КОРКА ЗА ПИТА

Состојки

- ¾ порција чоколадна трошка [260 g (1¾ чаши)]
- 8 г шеќер [2 лажички]
- 0,5 g кошер сол [⅛ лажичка]
- 14 г путер, стопен или по потреба [1 лажица]

Правци

a) Пулсирајте ги чоколадните трошки во процесор за храна додека не станат песочни и не останат големи гроздови.

b) Префрлете го песокот во сад и со рацете прелијте ги со шеќерот и солта. Додадете го растопениот путер и измесете го во песокот додека не биде доволно влажен за да се замесите во топка. Ако не е доволно влажен за да го направите тоа, растопете дополнителни 14 g (1 лажица) путер и измесете го.

c) Префрлете ја смесата во калап за пита од 10 инчи. Со прстите и со дланките цврсто притиснете ја чоколадната кора во плехот, внимавајте дното и страните на калапот за пита да бидат рамномерно покриени. Завиткана во пластична фолија, кората може да се чува на собна температура до 5 дена или во фрижидер 2 недели.

47. Греам кора

ЗДРАВУВА ОКОЛУ 340 г (2 чаши)

Состојки

- 190 гр трошки од крекер од Греам 1½ чаши]
- 20 гр млеко во прав [¼ чаша]
- 25 гр шеќер [2 лажици]
- 3 g кошер сол [¾ лажичка]
- 55 гр путер, стопен или по потреба [4 лажици (½ стап)]
- 55 g дебела павлака [¼ чаша]

Правци

a) Фрлете ги трошките од Греам, млекото во прав, шеќерот и солта со рацете во средна чинија за рамномерно да ги распоредите сувите состојки.

b) Изматете го путерот и густата павлака заедно. Додадете во сувите состојки и повторно фрлете за рамномерно да се распоредат. Путерот ќе делува како лепак, ќе се прилепува на сувите состојки и ќе ја претвори смесата во куп мали гроздови. Смесата треба да ја задржи формата ако ја стегнете цврсто на дланка. Ако не е доволно влажен за да го направите тоа, растопете дополнителни 14 до 25 g (1 до 1 ½ лажица) путер и измешајте го.

48. Мајчино тесто

ЗАРАБОТУВА ОКОЛУ 850 g (2 фунти)

Состојки

- 550 гр брашно [3½ чаши]
- 12 гр кошер сол [1 лажица]
- 3,5 g активен сув квасец [½ пакет или 1⅛ кафена лажичка]
- 370 гр вода, на собна температура [1¾ чаши]

Правци

а) Соедините за да направите тесто

СЛАДОЛЕД И СОРБЕТИ

49. Греам сладолед

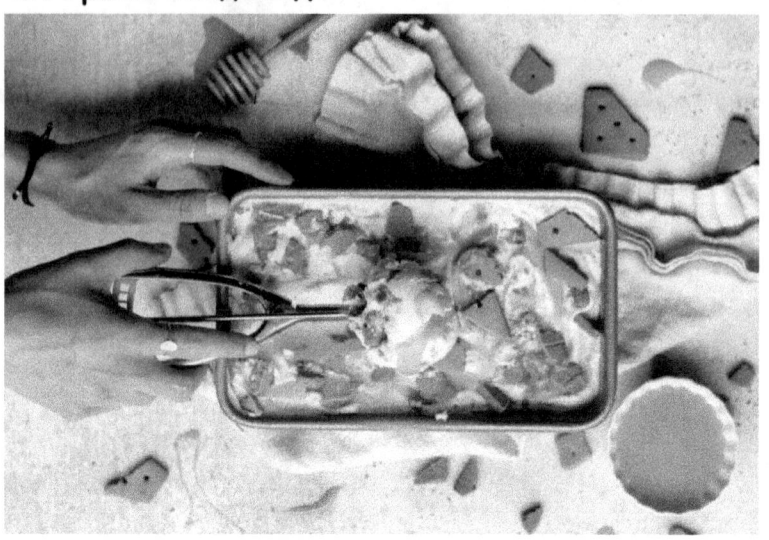

ЗАРАБОТУВА ОКОЛУ 550 G (1 PINT)

Состојки

- ¼ порција Грахам кора [85 g (½ чаша)]
- 220 гр млеко [1 чаша]
- 2 листови желатин
- 160 гр дебела павлака [¾ чаша]
- 100 g гликоза [¼ чаша]
- 65 гр шеќер [⅓ чаша]
- 40 гр млеко во прав [½ чаша]
- 1 g кошер сол [¼ лажичка]

Правци

a) Загрејте ја рерната на 250°F.

b) Истурете ја кората од Греам на тава обложена со пергамент или Силпат и распоредете ја рамномерно. Печете 15 минути за да се тости лесно и да се продлабочи неговиот вкус. Се излади целосно.

c) Изладената грахам кора префрлете ја во бокал. Истурете го млекото и измешајте. Оставете да се вари 20 минути на собна температура.

d) Процедете ја смесата низ сито со ситно мрежа во средна чинија. Млекото на почетокот брзо ќе се исцеди, а потоа ќе стане погусто и скробно кон крајот на процесот на цедење. Користејќи го задниот дел од лажичката (или вашата рака) исцедете го млекото од препечената кора од Греам, но немојте да ја натерате кашестата кора од Греам низ ситото. Отфрлете ја речената каша.

e) Расцутете го желатинот.

f) Загрејте малку од греам млекото и изматете го желатинот да се раствори. Изматете го преостанатото греам млеко, густата павлака, гликозата, шеќерот, млекото во прав и солта додека сè целосно не се раствори и соедини.

g) Истурете ја смесата низ сито мрежа во машината за сладолед и замрзнете според упатствата на производителот. Сладоледот најдобро се врти непосредно пред послужување или употреба, но ќе се чува во херметички сад во замрзнувач до 2 недели.

50. Шербет од бела праска

ЗАРАБОТУВА ОКОЛУ 450 G (1 PINT)

Состојки

- 400 гр зрели бели праски [околу 5]
- 1 лист желатин
- 100 g гликоза [¼ чаша]
- 2 g кошер сол [½ лажичка]
- 0,5 g лимонска киселина [⅛ лажичка]

Правци

a) Исечете ги праските на половина и излупете ги. Истурете ги во блендер и пасирајте додека не се изедначат и хомогени, 1 до 3 минути. Во средна чинија поминете го пирето низ ситно решетко сито. Користете лажичка или лажица за да притиснете на талогот од пирето за да извлечете што повеќе сок; треба да фрлите само неколку лажици цврсти материи.

b) Расцутете го желатинот.

c) Загрејте малку од пирето од праски и изматете го желатинот да се раствори. Изматете го преостанатото пире од праска, гликозата, солта и лимонската киселина додека сè целосно не се раствори и вклопи.

d) Истурете ја смесата во машината за сладолед и замрзнете ја според упатствата на производителот. Шербетот најдобро се врти непосредно пред послужување или употреба, но ќе се чува во херметички сад во замрзнувач до 2 недели.

51. Сладолед од црвено кадифе

ЗАРАБОТУВА ОКОЛУ 450 G (1 PINT)

Состојки

- 1 лист желатин
- 220 гр млеко [1 чаша]
- ½ порција сос од епица
- 50 гр „остатоци" од чоколадна торта
- 35 g какао во прав
- 25 гр шеќер [2 лажици]
- 25 g гликоза [1 лажица]
- 12 g дестилиран бел оцет [1 лажица]
- 12 гр матеница [1 лажица]
- 8 гр црвена прехранбена боја [2 лажички]
- 4 g кошер сол [1 кафена лажичка]

Правци

a) Расцутете го желатинот.

b) Загрејте малку млеко и изматете го желатинот да се раствори. Префрлете ја смесата од желатин во блендер, додајте го преостанатото млеко, сосот од џуџови, чоколадната торта, какаото во прав, шеќерот, гликозата, оцетот, матеницата, прехранбената боја и солта и пасирајте додека не се изедначи и изедначи. Не бидете скржави за времето на мешање – остатоците од колачот треба да ја впијат течноста и некако да се истурат во смесата.

c) Истурете ја смесата низ сито мрежа во машината за сладолед и замрзнете според упатствата на производителот. Сладоледот најдобро се врти непосредно пред послужување или употреба, но ќе се чува во херметички сад во замрзнувач до 2 недели.

52. Шербет гуава

ЗАРАБОТУВА ОКОЛУ 425 G (1 PINT)

Состојки

- 1 лист желатин
- 325 г нектар од гуава [1¼ чаши]
- 100 g гликоза [¼ чаша]
- 0,25 g сок од лимета [⅛ лажичка]
- 1 g кошер сол [¼ лажичка]

Правци

a) Расцутете го желатинот.

b) Загрејте малку од нектарот гуава и изматете го желатинот да се раствори. Изматете го преостанатиот нектар од гуава, гликозата, сокот од лимета и солта додека сè целосно не се раствори и вклопи.

c) Истурете ја смесата во машината за сладолед и замрзнете ја според упатствата на производителот. Шербетот најдобро се врти непосредно пред послужување или употреба, но ќе се чува во херметички сад во замрзнувач до 2 недели.

53. Сладолед од чизкејк

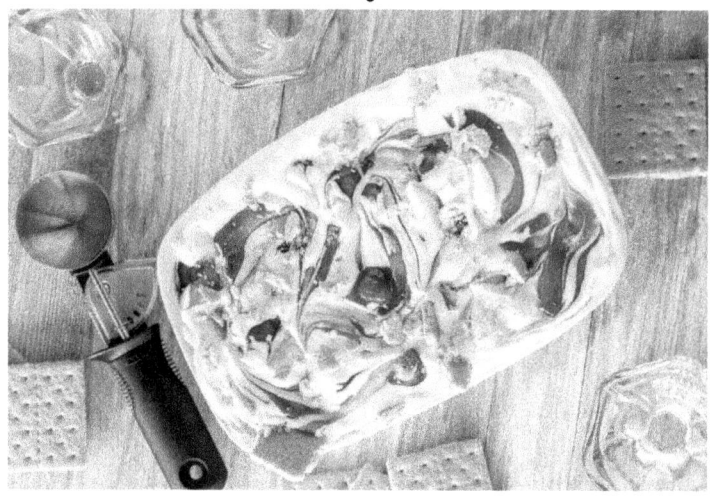

ЗАРАБОТУВА ОКОЛУ 450 G (1 PINT)

Состојки

- 1 лист желатин
- 220 гр млеко [1 чаша]
- ½ порција течен чизкејк
- 15 гр кисела павлака [1 лажица]
- ¼ порција Грахам кора [85 g (½ чаша)]
- 20 гр млеко во прав [¼ чаша]
- 2 g кошер сол [½ лажичка]

Правци

a) Расцутете го желатинот.

b) Загрејте малку млеко и изматете го желатинот да се раствори.

c) Префрлете ја смесата од желатин во блендер, додајте го преостанатото млеко, течниот чизкејк, павлаката, корат од Греам, млекото во прав и солта и пасирајте додека не се изедначи и изедначи. Немојте да бидете скржави за времето на мешање; сакате да бидете сигурни дека корат на Греам е целосно течна; инаку, на вашиот сладолед од чизкејк ќе му недостасува тој вкус.

d) Истурете ја основата за сладолед низ сито решетката во машината за сладолед и замрзнете ја според упатствата на производителот.

54. Шербет од круша

ЗАРАБОТУВА ОКОЛУ 480 G (1 PINT)

Состојки

- 1 лист желатин
- 400 гр пире од круша [2⅓чаши]
- 50 гр гликоза [2 лажици]
- 30 g срдечни цветови од бозел [1 лажица]
- 0,5 g кошер сол [⅛ лажичка]
- 0,5 g лимонска киселина [⅛ лажичка]

Правци

a) Расцутете го желатинот.

b) Загрејте малку од пирето од круши и изматете го желатинот да се раствори. Изматете го преостанатото пире од круша, гликозата, срдечниот цвет на бозел, солта и лимонската киселина додека сѐ целосно не се раствори и вклопи.

c) Истурете ја смесата во машината за сладолед и замрзнете ја според упатствата на производителот. Шербетот најдобро се врти непосредно пред послужување или употреба, но ќе се чува во херметички сад во замрзнувач до 2 недели.

55. Мацерирани јагоди со лававица

ЗДРАВУВА ОКОЛУ 160 g (1½ шолји)

Состојки

- 150 гр Tristar јагоди, излупени [1 пинта]
- ½ гранка ловечко стебло, сецкано
- 12 гр шеќер [1 лажица]
- 0,5 g кошер сол [⅛ лажичка]
- 1 g шери оцет [¼ лажичка]

Правци

a) Во мал сад измешајте ги јагодите, ловажата, шеќерот, солта и оцетот.

b) Нежно фрлајте со лажица додека јагодите не се рамномерно обложени.

c) Покријте и ставете во фрижидер најмалку 2 часа, или до 2 дена, пред сервирање.

56. Тристар шербет од јагоди

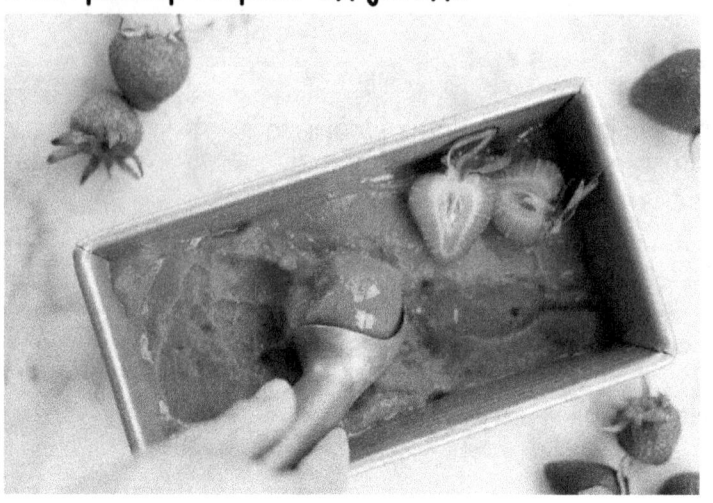

ЗАРАБОТУВА ОКОЛУ 400 G (1 PINT)

Состојки

- 300 гр Tristar јагоди, излупени [2 литри]
- 1 лист желатин
- 50 гр гликоза [2 лажици]
- 25 гр шеќер [2 лажици]
- 0,5 g кошер сол [$\frac{1}{8}$ лажичка]
- 0,5 g лимонска киселина [$\frac{1}{8}$ лажичка]

Правци

a) Јагодите испасирајте ги во блендер. Процедете го пирето низ сито со ситно решетко во сад за да ги исцедите чушките.

b) Расцутете го желатинот.

c) Загрејте малку од пирето од јагоди и изматете го желатинот да се раствори. Изматете го преостанатото пире од јагоди, гликозата, шеќерот, солта и лимонската киселина додека сè целосно не се раствори и вклопи.

d) Истурете ја смесата во машината за сладолед и замрзнете ја според упатствата на производителот. Шербетот најдобро се врти непосредно пред послужување или употреба, но ќе се чува во херметички сад во замрзнувач до 2 недели.

57. Замрзнат јогурт Chèvre

ЗАРАБОТУВА ОКОЛУ 400 G (1 PINT)

Состојки

- 2 листови желатин
- 55 гр млеко [¼ чаша]
- 60 гр свежо шевр [¼ шолја]
- 55 гр матеница [¼ чаша]
- 50 гр јогурт [2 лажици]
- 100 g гликоза [¼ чаша]
- 50 гр шеќер [¼ чаша]
- 2 g кошер сол [½ лажичка]
- 0,5 g лимонска киселина [⅛ лажичка]

Правци

a) Расцутете го желатинот.

b) Загрејте малку млеко и изматете го желатинот да се раствори. Префрлете ги во блендер и додајте го преостанатото млеко, шеврата, матеницата, јогуртот, гликозата, шеќерот, солта и лимонската киселина. Пире додека не се изедначи.

c) Истурете ја основата преку цедалка со ситна мрежа во машината за сладолед и замрзнете ја според упатствата на производителот. Замрзнатиот јогурт најдобро се врти непосредно пред послужување или употреба, но ќе се чува во херметички сад во замрзнувач до 2 недели.

58. Сорбет од грозје Конкорд

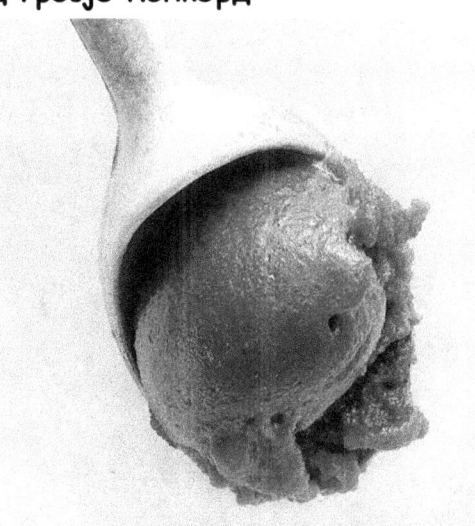

ЗАРАБОТУВА ОКОЛУ 475 G (1 PINT)

Состојки

- 1 лист желатин
- ½ порција сок од грозје Конкорд
- 200 гр гликоза [½ чаша]
- 2 g лимонска киселина [½ лажичка]
- 1 g кошер сол [¼ лажичка]

Правци

a) Расцутете го желатинот.

b) Загрејте малку од сокот од грозје и изматете го желатинот да се раствори. Изматете го преостанатиот сок од грозје, гликозата, лимонската киселина и солта додека сè целосно не се раствори и вклопи.

c) Истурете ја смесата во машината за сладолед и замрзнете ја според упатствата на производителот. Шербетот најдобро се врти непосредно пред послужување или употреба, но ќе се чува во херметички сад во замрзнувач до 2 недели.

59. Сладолед од геврек

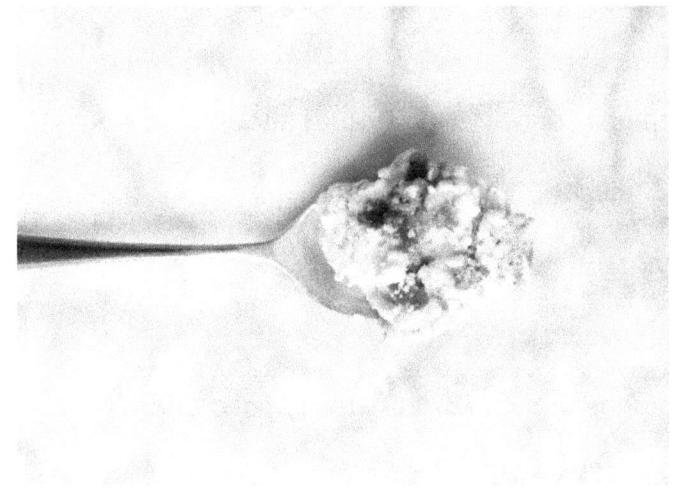

СЛУЖУВА 8 ДО 10

Состојки

- 300 гр мини переци [околу ¾ (16 унца) кесичка (6 чаши)]
- 440 гр млеко [2 чаши]
- 1 ½ листови желатин
- 200 гр гликоза [½ чаша]
- 30 гр светло-кафеав шеќер [2 лажици цврсто спакувани]
- 45 г крем сирење [1½ унца]
- 2 g кошер сол [½ лажичка]
- 0,75 g сода бикарбона [⅛ лажичка]

Правци

a) Загрејте ја рерната на 300°F.

b) Намачкајте ги переците на плех и тостирајте 15 минути, додека переците малку не потемнат боја. Се излади целосно.

c) Ставете ги ѓевреците во поголем сад, прелијте ги со млекото и мешајте додека се динстаат 2 минути.

d) Процедете ја смесата со млеко низ ситно решетко сито и фрлете ги влажните парчиња ѓеврек.

e) Расцутете го желатинот.

f) Загрејте малку од геврек млеко и изматете го желатинот да се раствори. Додадете го преостанатото млеко од геврек, гликозата, кафеавиот шеќер, крем сирењето, солта и содата бикарбона и изматете додека сите состојки целосно не се растворат и се соединат.

g) Истурете ја смесата во машината за сладолед и замрзнете ја според упатствата на производителот. Сладоледот најдобро се врти непосредно пред послужување или употреба, но ќе се чува во херметички сад во замрзнувач до 2 недели.

КОЛАЧИ И ФРОСТ

60. Торта со слој од ф'стаци

ПРАВИ 1 (6-ИНЧИ) СЛОЈНА ТОРТА, ВИСОКА 5 ДО 6 ИНЧИ; СЛУЖУВА 6 ДО 8

Состојки

- 1 порција Торта со ф'стаци
- 65 g масло од ф'стаци [⅓ чаша]
- 1 порција урда од лимон
- ½ порција Млечна трошка
- 1 порција Фстаци Фрстинг

Правци

a) На тезгата ставете парче пергамент или силпат. Превртете ја тортата врз неа и излупете го пергаментот или Силпат од дното на колачот. Користете го прстенот за торта за да испечатите 2 кругови од тортата. Ова се вашите топ 2 слоја торта. Преостанатиот „остаток" од колачот ќе се собере за да го направи долниот слој на тортата.

Слој 1, дното

b) Исчистете го прстенот за торта и ставете го во центарот на тавата обложена со чиста пергамент или силпат. Користете 1 лента ацетат за да ја обложите внатрешноста на прстенот за торта.

c) Ставете ги остатоците од тортата внатре во прстенот и користете го задниот дел од раката за да ги набиете парчињата заедно во рамен рамномерен слој.

d) Потопете ја четката за пециво во маслото од ф'стаци и дајте му на слојот од колачот добра, здрава бања со половина од маслото.

e) Со задниот дел од лажицата намачкајте половина од лимоновата урда во рамномерен слој над тортата.

f) Една третина од млечните трошки рамномерно посипете ги врз урдата од лимон. Користете го задниот дел од раката за да ги закотвите на место.

g) Користете го задниот дел од лажицата за да намачкате една третина од замрзнувањето од ф'стаци што е можно порамномерно над трошките.

Слој 2, среден

h) Со показалецот, нежно ставете ја втората лента од ацетат помеѓу прстенот за торта и горната $\frac{1}{4}$ инчи од првата лента ацетат, така што ќе имате чист прстен од ацетат висок 5 до 6 инчи - доволно висок за да ја поддржи висината на готовиот колач. Поставете круг колач врз замрзнувањето и повторете го процесот за слој 1.

Слој 3, врвот

i) Вгнездувајте ја преостанатата торта круг во замрзнување. Покријте го врвот на колачот со преостанатиот замрзнување. Дајте му волумен и вртежи, или правете како ние и одлучете се за совршено рамен горен дел. Украсете го замрзнувањето со преостанатите млечни трошки.

j) Префрлете ја тавата во замрзнувач и замрзнете минимум 12 часа за да се стегнат колачот и филот. Тортата ќе се чува во замрзнувач до 2 недели.

k) Најмалку 3 часа пред да бидете подготвени да ја послужите тортата, извлечете ја тавата од замрзнувачот и со прстите и палците извадете ја тортата од прстенот за торта. Нежно излупете го ацетатот и префрлете ја тортата на послужавник или штанд за колачи. Оставете го да се одмрзне во фрижидер минимум 3 часа.

61. Торта со ф'стаци

ПРАВИ ТОРТА од 1 ЧЕТВРТИНА ЛИСТ

Состојки

- 190 гр паста од ф'стаци [¼ чаша]
- 75 g гликоза [3 супени лажици]
- 6 белки
- 280 гр шеќер за слатки [1¾ чаши]
- 110 гр бланширан бадем брашно [1¼ чаши]
- 75 g масло од ф'стаци [½ чаша]
- 55 g дебела павлака [¼ чаша]
- 160 гр брашно [1 чаша]
- 6 g прашок за пециво [1½ лажичка]
- 6 g кошер сол [1½ лажичка]

Правци

a) Загрејте ја рерната на 350°F.

b) Комбинирајте ја пастата од ф'стаци и гликозата во садот со миксер со додаток за лопатка и матете на средно ниско 2 до 3 минути, додека смесата не се претвори во леплива зелена паста. Со шпатула изгребете ги страните на садот.

c) На мала брзина, додавајте ги белките едно по едно, внимавајте да не ја додадете следната белка додека претходното целосно не се вклопи. Запрете го миксерот и изгребете ги страните на садот со шпатула после секои 2 до 3 белки. Откако ќе се вклопат сите белки, во садот за матење ќе имате мрсна зелена супа. Веднаш на.

d) Додадете ги слаткарскиот шеќер и бадемовото брашно и на мала брзина валкајте ги 2 до 3 минути додека смесата не се згусне. Запрете го миксерот и изгребете ги страните на садот.

e) Истурете го маслото од ф'стаци и дебелиот крем и лопатете со мала брзина 1 минута. Запрете го миксерот и изгребете ги страните на садот.

f) Додадете го брашното, прашокот за пециво и солта и движете го на тивок оган 2 до 3 минути, додека тестото не стане супер мазно и малку повеќе вискозно од просечното тесто за американско кутии за колачи.

g) Пам-прскајте четвртина тава и обложете ја со пергамент или само обложете ја тавата со силпат. Со помош на шпатула намачкајте го тестото за тортата во рамномерен слој во тавата. Печете 20 до 22 минути. Тортата ќе нарасне и ќе се издува, двојно ќе се зголеми во големина.

h) На 20 минути, нежно прободете го работ на тортата со прстот: колачот треба да отскокнува назад, а од страните треба да биде малку златно кафеава и малку да се оддалечува од страните на тавата. Оставете ја тортата во рерна уште 1 до 2 минути доколку не ги помине овие тестови.

i) Извадете ја тортата од рерна и изладете ја на решетка.

62. Замрзнување од ф'стаци

ЗАРАБОТУВА ОКОЛУ 350 g (1¾ чаши)

Состојки

- 115 гр путер, на собна температура [8 лажици (1 стап)]
- 40 гр шеќер за слатки [¼ чаша]
- 230 гр паста од ф'стаци [¾ чаша]
- 2 g кошер сол [½ лажичка]

Правци

a) Соединете ги путерот и шеќерот за слатки во садот со миксер за држење со додаток за лопатка и кремот заедно на средно-висока 2 до 3 минути, додека не станат меки и бледо жолти.

b) Додадете ја пастата од ф'стаци и солта и измешајте на мала брзина половина минута, а потоа зголемете ја брзината на средно-висока и оставете ја да рипне 2 минути. Со шпатула изгребете ги страните на садот. Ако смесата не е иста бледо зелена боја, оставете уште една минута на голема брзина и повторно изгребете надолу.

c) Употребете го замрзнувањето веднаш или чувајте го во херметички сад во фрижидер до 1 недела.

63. Торта со слој од чоколаден чип

ПРАВИ 1 (6-ИНЧИ) СЛОЈНА ТОРТА, ВИСОКА 5 ДО 6 ИНЧИ; СЛУЖУВА 6 ДО 8

Состојки

- 1 порција торта со чоколадни чипови
- 60 гр пире од страсно овошје [⅓чаша]
- 1 порција урда од страст
- ½ порција Чоколадна трошка
- 1 порција замрзнување на кафе
- 40 гр мини чоколадни чипови [¼ шолја]

Правци

a) На тезгата ставете парче пергамент или силпат. Превртете ја тортата врз неа и излупете го пергаментот или Силпат од дното на колачот. Користете го прстенот за торта за да испечатите 2 кругови од тортата. Ова се вашите топ 2 слоја торта. Преостанатиот „остаток" од колачот ќе се собере за да го направи долниот слој на тортата.

Слој 1, дното

b) Исчистете го прстенот за торта и ставете го во центарот на тавата обложена со чиста пергамент или силпат. Користете 1 лента ацетат за да ја обложите внатрешноста на прстенот за торта.

c) Ставете ги остатоците од тортата внатре во прстенот и користете го задниот дел од раката за да ги набиете парчињата заедно во рамен рамномерен слој.

d) Потопете четка за пециво во пирето од страсно овошје и на слојот од колачот му дадете добра, здрава бања од половина од пирето.

e) Користете го задниот дел од лажицата за да намачкате половина од страсната урда во рамномерен слој над тортата.

f) Половина од чоколадните трошки рамномерно посипете ги над урдата од страст. Користете го задниот дел од раката за да ги закотвите на место.

g) Користете го задниот дел од лажицата за да намачкате една третина од замрзнувањето на кафе што е можно порамномерно врз чоколадните трошки.

Слој 2, среден

h) Со показалецот, нежно ставете ја втората лента од ацетат помеѓу прстенот за торта и горната $\frac{1}{4}$ инчи од првата лента ацетат, така што ќе имате чист прстен од ацетат висок 5 до 6 инчи - доволно висок за да ја поддржи висината на готовиот колач. Поставете круг колач врз замрзнувањето и повторете го процесот за слој 1.

Слој 3, врвот

i) Вгнездувајте ја преостанатата торта круг во замрзнување. Покријте го врвот на колачот со преостанатиот замрзнување. Дајте му волумен и вртежи, или правете како ние и одлучете се за совршено рамен горен дел. Украсете го замрзнувањето со мини чоколадни парчиња.

j) Префрлете ја тавата во замрзнувач и замрзнете минимум 12 часа за да се стегнат колачот и филот. Тортата ќе се чува во замрзнувач до 2 недели.

k) Најмалку 3 часа пред да бидете подготвени да ја послужите тортата, извлечете ја тавата од замрзнувачот и со прстите и палците извадете ја тортата од прстенот за торта. Нежно излупете го ацетатот и префрлете ја тортата на послужавник или штанд за колачи. Оставете го да се одмрзне во фрижидер минимум 3 часа

l) Исечете ја тортата на коцки и послужете.

64. Чоколадна торта

ПРАВИ ТОРТА од 1 ЧЕТВРТИНА ЛИСТ

Состојки

- 115 гр путер, на собна температура [8 лажици (1 стап)]
- 250 гр гранулиран шеќер [1¼ чаши]
- 60 гр светло-кафеав шеќер [¼ чаша цврсто спакуван]
- 3 јајца
- 110 гр матеница [½ чаша]
- 75 g масло од семе од грозје [½ чаша]
- 12 g екстракт од ванила [1 лажица]
- 185 гр брашно за колачи [1½ чаши]
- 4 g прашок за пециво [1 лажичка]
- 4 g кошер сол [1 кафена лажичка]
- Пем или друг нелеплив спреј за готвење (опционално)
- 150 гр мини чоколадни чипови [¾ шолја]

Правци

a) Загрејте ја рерната на 350°F.

b) Соедините ги путерот и шеќерите во садот со миксер опремен со додаток за лопатка и кремот заедно на средно-висока 2 до 3 минути. Изгребете ги страните на садот, додајте ги јајцата и повторно измешајте на средно висока температура 2 до 3 минути. Уште еднаш изгребете ги страните на садот.

c) На мала брзина, истурете ги матеницата, маслото и ванилата. Зголемете ја брзината на миксерот на средно-висока и лопатете 4 до 6 минути, додека смесата практично не стане бела, двојно поголема од вашата оригинална мека смеса со путер и шеќер и целосно хомогена. Не брзајте со процесот. Во основа внесувате премногу течност во веќе масна смеса која не сака да направи простор за течноста. Запрете го миксерот и изгребете ги страните на садот.

d) На многу мала брзина додадете ги брашното за колачи, прашокот за пециво и солта. Мешајте 45 до 60 секунди, само додека тестото да се соедини и да се вградат сите остатоци од суви состојки. Изгребете ги страните на садот. Ако видите грутки брашно за колачи додека гребете, измешајте уште 45 секунди.

e) Пам-прскајте четвртина тава и обложете ја со пергамент или само обложете ја тавата со силпат. Со помош на шпатула намачкајте го тестото за тортата во рамномерен слој во тавата. Допрете го долниот дел од вашата тава за да го изедначите слојот. Рамномерно посипете ги чоколадните парчиња врз тестото за колачи.

f) Печете го колачот 30 до 35 минути. Колачот ќе нарасне и ќе издува, ќе се удвои во големина, но ќе остане малку путер и густ. На 30 минути, нежно прободете го работ на тортата со прстот: колачот треба малку да отскокнува и центарот повеќе не треба да се тресне. Оставете го колачот во рерна уште 3 до 5 минути доколку не ги помине овие тестови.

ѓ) Извадете ја тортата од рерна и изладете ја на решетка или, малку, во фрижидер или замрзнувач (не грижете се, не е измама). Оладениот колач може да се чува во фрижидер, завиткан во најлонска фолија, до 5 дена.

65. Замрзнување на кафе

ЗАРАБОТУВА ОКОЛУ 200 гр (1 шолја)

Состојки

- 115 гр путер, на собна температура [8 лажици (1 стап)]
- 40 гр шеќер за слатки [¼ чаша]
- 55 гр млеко [¼ чаша]
- 1,5 g инстант кафе во прав [¾ лажичка]
- 1 g кошер сол [¼ лажичка]

Правци

a) Соединете ги путерот и шеќерот за слатки во садот со миксер со додаток за лопатка и кремот заедно на средно-висока 2 до 3 минути, додека не станат меки и бледо жолти.

b) Во меѓувреме, направете брзо млеко за кафе: изматете го млекото, инстант кафето и солта во мал сад.

c) Со шпатула изгребете ги страните на садот. Со мала брзина, постепено сипете го млекото од кафето. Во суштина внесувате течност во маснотии, затоа бидете трпеливи. Смесата со путер ќе се згрутчи и ќе се одвои при контакт со млекото од кафе. Не пуштајте повеќе млеко од кафе во смесата со путер додека претходното додавање не е целосно вградено; држете го миксерот вклучен и бидете трпеливи. Резултатот ќе биде диво меки замрзнување на кафе, бледо кафеава и супер-сјајна. Користете веднаш.

66. Роденденска слојна торта

ПРАВИ 1 (6-ИНЧИ) СЛОЈНА ТОРТА, ВИСОКА 5 ДО 6 ИНЧИ; СЕ СЛУЖИ 6 ДО 8

Состојки

- 1 порција Роденденска торта
- 1 порција Роденденска торта Soak
- 1 порција Замрзнување за роденденска торта
- 1 порција Трошка за роденденска торта

Правци

a) На тезгата ставете парче пергамент или силпат. Превртете ја тортата врз неа и излупете го пергаментот или Силпат од дното на колачот. Користете го прстенот за торта за да испечатите 2 кругови од тортата. Ова се вашите топ 2 слоја торта. Преостанатиот „остаток" од колачот ќе се собере за да го направи долниот слој на тортата.

Слој 1, дното

b) Исчистете го прстенот за торта и ставете го во центарот на тавата обложена со чиста пергамент или силпат. Користете 1 лента ацетат за да ја обложите внатрешноста на прстенот за торта.

c) Ставете ги остатоците од колачот во прстенот и користете го задниот дел од раката за да ги набиете парчињата заедно во рамен рамномерен слој.

d) Потопете четка за пециво во киснењето на роденденската торта и дајте му на слојот од тортата добра, здрава бања од половина од киснењето.

e) Со задниот дел од лажицата намачкајте една петтина од замрзнувањето во рамномерен слој врз колачот.

f) Посипете една третина од роденденските трошки рамномерно над врвот на замрзнувањето. Користете го задниот дел од раката за да ги закотвите на место.

g) Користете го задниот дел од лажицата за да ја распоредите втората петтина од замрзнувањето што е можно порамномерно над трошките.

Слој 2, среден

h) Со показалецот, нежно ставете ја втората лента од ацетат помеѓу прстенот за торта и горната $\frac{1}{4}$ инчи од првата лента ацетат, така што ќе имате чист прстен од ацетат висок 5 до 6 инчи - доволно висок за да ја поддржи висината на готовиот колач. Поставете круг колач врз замрзнувањето и повторете го процесот за слој 1.

Слој 3, врвот

i) Вгнездувајте ја преостанатата торта круг во замрзнување. Покријте го врвот на колачот со последната петтина од замрзнувањето. Дајте му волумен и вртежи, или правете како ние и одлучете се за совршено рамен горен дел. Украсете го замрзнувањето со преостанатите роденденски трошки.

j) Префрлете ја тавата во замрзнувач и замрзнете минимум 12 часа за да се стегнат колачот и филот. Тортата ќе се чува во замрзнувач до 2 недели.

k) Најмалку 3 часа пред да бидете подготвени да ја послужите тортата, извлечете ја тавата од замрзнувачот и со прстите и палците извадете ја тортата од прстенот за торта.

l) Нежно излупете го ацетатот и префрлете ја тортата во послужавник или штанд за колачи. Оставете го да се одмрзне во фрижидер минимум 3 часа

m) Исечете ја тортата на коцки и послужете.

67. Роденденска торта

ПРАВИ ТОРТА од 1 ЧЕТВРТИНА ЛИСТ

Состојки

- 55 гр путер, на собна температура [4 лажици (½ стап)]
- 60 g скратување зеленчук [⅓чаша]
- 250 гр гранулиран шеќер [1¼ чаши]
- 50 гр светло-кафеав шеќер [3 супени лажици цврсто спакувани]
- 3 јајца
- 110 гр матеница [½ чаша]
- 65 g масло од семе од грозје [⅓чаша]
- 8 g чист екстракт од ванила [2 лажички]
- 245 гр брашно за колачи [2 чаши]
- 6 g прашок за пециво [1½ лажичка]
- 3 g кошер сол [¾ лажичка]
- 50 гр виножито прскалки [¼ чаша]
- Пем или друг нелеплив спреј за готвење (опционално)
- 25 гр виножито прскалки [2 лажици]

Правци

а) Загрејте ја рерната на 350°F.

b) Соединете ги путерот, слаткиот и шеќерите во садот со миксер со додаток за лопатка и кремот заедно на средно висока температура 2 до 3 минути. Изгребете ги страните на садот, додајте ги јајцата и измешајте на средно висока температура 2 до 3 минути. Уште еднаш изгребете ги страните на садот.

c) На мала брзина, истурете ги матеницата, маслото и ванилата. Зголемете ја брзината на миксерот на средно-висока и лопатете 4 до 6 минути, додека смесата практично не стане бела, двојно поголема од вашата оригинална меки смеса со путер и шеќер и целосно хомогена.

d) На многу мала брзина, додајте го брашното за колачи, прашокот за пециво, солта и 50 g ($\frac{1}{4}$ чаша) виножито. Мешајте 45 до 60 секунди, само додека тестото не се соедини. Изгребете ги страните на садот.

e) Пам-прскајте четвртина тава и обложете ја со пергамент или само обложете ја тавата со силпат. Со помош на шпатула намачкајте го тестото за тортата во рамномерен слој во тавата. Врз тестото рамномерно посипете ги преостанатите 25 g (2 лажици) виножито.

f) Печете го колачот 30 до 35 минути. Колачот ќе нарасне и ќе издува, ќе се удвои во големина, но ќе остане малку путер и густ. Оставете го колачот во рерна уште 3 до 5 минути доколку не ги помине овие тестови.

g) Извадете ја тортата од рерна и изладете ја на решетка.

68. Замрзнување на роденденска торта

ЗДРАВУВА ОКОЛУ 430 г (2 чаши)

Состојки

- 115 гр путер, на собна температура [8 лажици (1 стап)]
- 50 гр скратување зеленчук [¼ чаша]
- 55 гр крем сирење [2 унци]
- 25 g гликоза [1 лажица]
- 18 гр сируп од пченка [1 лажица]
- 12 g чист екстракт од ванила [1 лажица]
- 200 гр шеќер за слатки [1¼ чаши]
- 2 g кошер сол [½ лажичка]
- 0,25 гр прашок за пециво [штипка]
- 0,25 g лимонска киселина [штипка]

Правци

a) Соедините ги путерот, слаткиот и крем сирењето во садот со миксер со додаток за лопатка и кремот заедно на средно-висока 2 до 3 минути, додека смесата не стане мазна и мазна. Изгребете ги страните на садот.

b) Со миксерот на најниска брзина, истурете ги гликозата, сирупот од пченка и ванилата. Изматете го миксерот до средно-високо и матете 2 до 3 минути, додека смесата не стане свилено мазна и сјајна бела. Изгребете ги страните на садот.

c) Додадете ги кондиторскиот шеќер, солта, прашокот за пециво и лимонската киселина и измешајте на мала брзина само за да се вклопат во тестото.

d) Намалете ја брзината на средно-висока и матете 2 до 3 минути, додека не добиете брилијантно целосно бело, убаво мазно замрзнување.

e) Треба да изгледа исто како да е излезено од пластична када во самопослуга! Употребете го замрзнувањето веднаш или чувајте го во херметички сад во фрижидер до 1 недела.

69. Торта со слој од морков

ПРАВИ 1 (6-ИНЧИ) СЛОЈНА ТОРТА, ВИСОКА 5 ДО 6 ИНЧИ; СЛУЖУВА 6 ДО 8

Состојки

- 1 порција Торта од морков
- 55 гр млеко [$\frac{1}{4}$ чаша]
- 1 порција Течен чизкејк
- $\frac{1}{2}$ порција Млечна трошка
- 1 порција Греам Фростинг

Правци

a) На тезгата ставете парче пергамент или силпат. Превртете ја тортата врз неа и излупете го пергаментот или Силпат од дното на колачот. Користете го прстенот за торта за да испечатите 2 кругови од тортата.

Слој 1, дното

b) Исчистете го прстенот за торта и ставете го во центарот на тавата обложена со чиста пергамент или силпат. Користете 1 лента ацетат за да ја обложите внатрешноста на прстенот за торта.

c) Ставете ги остатоците од тортата внатре во прстенот и користете го задниот дел од раката за да ги набиете парчињата заедно во рамен рамномерен слој.

d) Потопете четка за пециво во млекото и дајте му на слојот од колачот добра, здрава бања со половина од млекото.

e) Со задниот дел од лажицата намачкајте половина од течниот чизкејк во рамномерен слој над колачот.

f) Над чизкејкот рамномерно посипете една третина од млечните трошки. Користете го задниот дел од раката за да ги закотвите на место.

g) Користете го задниот дел од лажицата за да намачкате една третина од замрзнувањето на Греам што е можно порамномерно над трошките.

Слој 2, среден

h) Со показалецот, нежно ставете ја втората лента од ацетат помеѓу прстенот за торта и горната $\frac{1}{4}$ инчи од првата лента ацетат, така што ќе имате чист прстен од ацетат висок 5 до 6 инчи - доволно висок за да ја поддржи висината на готовиот колач. Поставете круг колач врз замрзнувањето и повторете го процесот за слој 1.

Слој 3, врвот

i) Вгнездувајте ја преостанатата торта круг во замрзнување. Покријте го врвот на колачот со преостанатиот замрзнување. Дајте му волумен и вртежи, или правете како ние и одлучете се за совршено рамен горен дел. Украсете го замрзнувањето со преостанатите млечни трошки.

j) Префрлете ја тавата во замрзнувач и замрзнете минимум 12 часа за да се стегнат колачот и филот.

k) Најмалку 3 часа пред да бидете подготвени да ја послужите тортата, извлечете ја тавата од замрзнувачот и со прстите и палците извадете ја тортата од прстенот за торта.

l) Нежно излупете го ацетатот и префрлете ја тортата во послужавник или штанд за колачи. Оставете го да се одмрзне во фрижидер минимум 3 часа

70. Торта од морков

ПРАВИ ТОРТА од 1 ЧЕТВРТИНА ЛИСТ

Состојки

- 115 гр путер, на собна температура [8 лажици (1 стап)]
- 120 g светло-кафеав шеќер [½ чаша цврсто спакуван]
- 100 гр гранулиран шеќер [½ чаша]
- 2 јајца
- 40 гр масло од семе од грозје [¼ чаша]
- 200 гр брашно [1¼ чаши]
- 4 g прашок за пециво [1 лажичка]
- 1,5 g сода бикарбона [¼ лажичка]
- 1,5 g мелен цимет [¾ лажичка]
- 5 g кошер сол [1¼ лажичка]
- 225 гр рендани излупени моркови (2 до 3 моркови со средна големина) [2½ чаши]
- Пем или друг нелеплив спреј за готвење (опционално)

Правци

а) Загрејте ја рерната на 350°F.

b) Соединете ги путерот и шеќерите во садот со миксер опремен со додаток за лопатка и кремот заедно на средно-висока 2 до 3 минути. Изгребете ги страните на садот, додајте ги јајцата и измешајте на средно висока температура 2 до 3 минути. Уште еднаш изгребете ги страните на садот.

c) Со мала брзина, истурете го маслото. Зголемете ја брзината на миксерот на средно-висока и лопатете 4 до 6 минути, додека смесата практично не стане бела, двојно поголема од вашата оригинална меки смеса со путер и шеќер и целосно хомогена, без ленти од маснотии. Не брзајте со процесот. Запрете го миксерот и изгребете ги страните на садот.

d) На многу мала брзина додадете ги брашното, прашокот за пециво, содата, циметот и солта. Мешајте 45 до 60 секунди, само додека тестото да се соедини и да се вградат сите остатоци од суви состојки. Изгребете ги страните на садот.

e) Откачете ја лопатката и извадете го садот од миксер. Истурете ги искршените моркови во садот и со шпатула свиткајте ги во тестото.

f) Пам-прскајте четвртина тава и обложете ја со пергамент или само обложете ја тавата со силпат. Со помош на шпатула намачкајте го тестото за тортата во рамномерен слој во тавата.

g) Печете го колачот 25 до 30 минути. Колачот ќе нарасне и ќе издува, ќе се удвои во големина, но ќе остане малку путер и густ. На 25 минути, нежно прободете го работ на тортата со прстот: колачот треба малку да отскокнува и центарот повеќе не треба да се тресне. Оставете го колачот во рерна уште 3 до 5 минути доколку не ги помине овие тестови.

h) Извадете ја тортата од рерна и изладете ја на решетка или, малку, во фрижидер или замрзнувач (не грижете се, не е измама). Оладениот колач може да се чува во фрижидер, завиткан во најлонска фолија, до 5 дена.

71. Греам замрзнување

ЗДРАВУВА ОКОЛУ 230 g (1 шолја)

Состојки

- ½ порција Грахам кора
- 85 гр млеко [⅓ чаша]
- 2 g кошер сол [½ лажичка]
- 85 гр путер, на собна температура [6 лажици]
- 15 g светло-кафеав шеќер [1 лажица цврсто спакуван]
- 10 g шеќер за слатки [1 лажица]
- 0,5 g мелен цимет [½ лажичка]
- 0,5 g кошер сол [⅛ лажичка]

Правци

a) Комбинирајте ја кората од Греам, млекото и солта во блендер, вклучете ја брзината на средно-висока и пасирајте додека не се изедначи и хомогена. Ќе бидат потребни 1 до 3 минути (во зависност од чудесноста на вашиот блендер). Ако смесата не се фати на сечилото на вашиот блендер, исклучете го блендерот, земете мала лажичка и изгребете ги страните на канистерот, не заборавајте да изгребете под сечилото, а потоа обидете се повторно.

b) Соединете ги путерот, шеќерите, циметот и солта во садот со миксер со додаток за лопатка и павлаката заедно на средно висока температура 2 до 3 минути, додека не станат меки и попрскани жолти . Со шпатула изгребете ги страните на садот.

c) Со мала брзина, лопатете ја содржината на блендерот. По 1 минута, избркајте ја брзината до средно-висока и оставете ја да рипа уште 2 минути. Со шпатула изгребете ги страните на садот. Ако смесата не е униформа бледо тен, дајте му на садот уште едно стругање, а замрзнувањето уште една минута веслање со голема брзина.

d) Употребете го замрзнувањето веднаш или чувајте го во херметички сад во фрижидер до 1 недела.

72. Морков торта тартуфи

ПРАВИ ДВАНАЕСЕТ ДО ПЕТнаесет ТОПКИ од 30 Г (1 УНЦА).

Состојки

- 300 гр Остатоци од торта од морков [3 чаши]
- 25 до 50 гр течен чизкејк [2 до 4 лажици]
- ½ порција Млечна трошка, ситно мелена во процесор за храна
- 90 гр бело чоколадо, стопено [3 унци]

Правци

a) Комбинирајте ги остатоците од колачот од морков и 25 g (2 лажици) течен чизкејк во садот со миксер на кој има додаток за лопатка и лопатете додека не се навлажни доволно за да се замесите во топка. Ако не е доволно влажен за да го направите тоа, додадете до 25 g (2 лажици) повеќе течен чизкејк и замесете го.

b) Со помош на лажица за супа, изделете 12 изедначени топчиња, секоја половина со големина на топче за пинг-понг. Секој од нив превртете го меѓу дланките за да го обликувате и измазнете во тркалезна сфера.

c) Во среден сад ставете ги мелените млечни трошки. Со ракавици од латекс, ставете 2 лажици од белото чоколадо на дланка и секое топче превртете го меѓу дланките, премачкајќи го со тенок слој од растопено чоколадо; додадете повеќе чоколадо по потреба.

d) Во садот со млечни трошки ставете по 3 или 4 топчиња прекриени со чоколадо. Веднаш фрлете ги со трошките за премачкување, пред да се стегне чоколадната лушпа и повеќе да не делува како лепак (ако се случи тоа, само премачкајте ја топката во друг тенок слој од растопено чоколадо).

e) Оставете го во фрижидер најмалку 5 минути за целосно да се стегнат чоколадните лушпи пред јадење или складирање. Во херметички затворен сад, тартуфите ќе се чуваат до 1 недела во фрижидер.

73. Фил со чизкејк со нане

ДОСТАВУВА ЗА 1 ГРАСШОПЕР ПИТА

Состојки

- 60 гр бело чоколадо [2 унци]
- 20 гр масло од семе од грозје [2 лажици]
- 75 г крем сирење [2½ унци]
- 20 г шеќер за слатки [2 лажици]
- 2 g екстракт од пеперминт [½ лажичка]
- 1 g кошер сол [¼ лажичка]
- 2 капки зелена прехранбена боја

Правци

a) Соединете ги белото чоколадо и маслото и растопете ја смесата на тивко 30 до 50 секунди.

b) Комбинирајте го крем сирењето и шеќерот од слатки во садот со миксер опремен со додаток за лопатка и измешајте ги на средно-ниска брзина 2 до 3 минути за да се измешаат.

c) На мала брзина, полека матете ја смесата со бело чоколадо. Мешајте 1 до 2 минути, додека целосно не се вклопи во крем сирењето. Изгребете ги страните на садот.

d) Додадете го екстрактот од пеперминт, солта и прехранбената боја и лопатете ја смесата 1 до 2 минути, или само додека не стане мазна и леприконе зелена.

74. Глазура од нане

ДОСТАВУВА ЗА 1 ГРАСШОПЕР ПИТА

Состојки

- 30 гр бело чоколадо [1 унца]
- 6 g масло од семе од грозје [2 лажички]
- 0,5 g екстракт од нане [малку $\frac{1}{8}$ кафена лажичка]
- 1 капка зелена прехранбена боја

Правци

a) Соединете ги белото чоколадо и маслото во сад за микробранова печка и стопете ја чоколадата на тивко 20 до 30 секунди. Користете шпатула отпорна на топлина за да ги измешате маслото и чоколадото, работејќи додека смесата не стане сјајна и мазна.

b) Измешајте ги екстрактот од пеперминт и прехранбената боја.

75. Торта со слој од чоколаден слад

ПРАВИ 1 (6-ИНЧИ) СЛОЈНА ТОРТА, ВИСОКА 5 ДО 6 ИНЧИ; СЛУЖУВА 6 ДО 8

Состојки

- 1 порција Чоколадна торта
- 1 порција Ovaltine Soak
- 1 порција Сос од слад, топол
- ½ порција Сладена млечна трошка
- 1 порција јагленисано бел слез

Правци

a) На тезгата ставете парче пергамент или силпат. Превртете ја тортата врз неа и излупете го пергаментот или Силпат од дното на колачот. Користете го прстенот за торта за да испечатите 2 кругови од тортата. Ова се вашите топ 2 слоја торта. Преостанатиот „остаток" од колачот ќе се собере за да го направи долниот слој на тортата.

Слој 1, дното

b) Исчистете го прстенот за торта и ставете го во центарот на тавата обложена со чиста пергамент или силпат. Користете 1 лента ацетат за да ја обложите внатрешноста на прстенот за торта.

c) Ставете ги остатоците од тортата внатре во прстенот и користете го задниот дел од раката за да ги набиете парчињата заедно во рамен рамномерен слој.

d) Потопете ја четката за пециво во Ovaltine киснењето и дајте му на слојот од колачот добра, здрава бања од половина од киснењето.

e) Користете го задниот дел од лажицата за да намачкате една петтина од сосот од слад во рамномерен слој над тортата. (Корисна навестување: колку е потопол сосот од епови, толку полесно се шири.)

f) Посипете половина од трошките од слад млеко и една третина од јагленисани бел слез рамномерно над сосот од слад. Користете го задниот дел од раката за да ги закотвите на место.

g) Користете го задниот дел од лажицата за да намачкате уште една петтина од сосот од слад што е можно порамномерно над трошките и бел слез.

Слој 2, среден

h) Со показалецот, нежно ставете ја втората лента од ацетат помеѓу прстенот за торта и горната $\frac{1}{4}$ инчи од првата лента ацетат, така што ќе имате чист прстен од ацетат висок 5 до 6 инчи - доволно висок за да ја поддржи висината на готовиот колач. Поставете круг колач врз сосот и повторете го процесот за слој 1.

Слој 3, врвот

i) Преостанатата торта вметнете ја круг во сосот. Покријте го горниот дел од тортата со преостанатиот сос за епирање. Бидејќи се работи за сос, а не за замрзнување, овде немате друг избор освен да направите сјаен, совршено рамен горен дел. Украсете со преостанатите јагленисани бел слез.

j) Префрлете ја тавата во замрзнувач и замрзнете минимум 12 часа за да се стегнат колачот и филот. Тортата ќе се чува во замрзнувач до 2 недели.

k) Најмалку 3 часа пред да бидете подготвени да ја послужите тортата, извлечете ја тавата од замрзнувачот и со прстите и палците извадете ја тортата од прстенот за торта. Нежно излупете го ацетатот и префрлете ја тортата во послужавник или штанд за колачи. Оставете го да се одмрзне во фрижидер минимум 3 часа.

l) Исечете ја тортата на коцки и послужете.

76. Чоколадна торта

ПРАВИ ТОРТА од 1 ЧЕТВРТИНА ЛИСТ

Состојки

- 115 гр путер, на собна температура [8 лажици (1 стап)]
- 300 гр шеќер [1½ чаши]
- 3 јајца
- 110 гр матеница [½ чаша]
- 40 гр масло од семе од грозје [¼ чаша]
- 4 g екстракт од ванила [1 лажичка]
- ¼ порција сос од епица [38 g (3 лажици)]
- 155 гр брашно за колачи [1¼ чаши]
- 70 гр какао во прав
- 6 g прашок за пециво [1½ лажичка]
- 6 g кошер сол [1½ лажичка]
- Пем или друг нелеплив спреј за готвење (опционално)

Правци

a) Загрејте ја рерната на 350°F.

b) Соединете ги путерот и шеќерот во садот со миксер опремен со додаток за лопатка и кремот заедно на средно-висока 2 до 3 минути. Изгребете ги страните на садот, додајте ги јајцата и измешајте на средно висока температура 2 до 3 минути. Уште еднаш изгребете ги страните на садот.

c) На мала брзина, истурете ги матеницата, маслото и ванилата. Зголемете ја брзината на миксерот на средно-висока и лопатете 3 до 5 минути, додека смесата практично не стане бела, двојно поголема од вашата оригинална меки смеса со путер и шеќер и целосно хомогена. Не треба да има ленти од маснотии или течност. Запрете го миксерот и изгребете ги страните на садот.

d) Додадете го сосот за епирање и измешајте со мала брзина додека целосно не се вклопи. Изгребете ги страните на садот.

e) Со шпатула измешајте ги брашното, какаото во прав, прашокот за пециво и солта во средна чинија. На многу мала брзина, додадете ги сувите состојки и измешајте 45 до 60 секунди, само додека тестото не се соедини. Изгребете ги страните на садот и измешајте со мала брзина уште 45 секунди за да се осигурате дека се вметнати мали грутки какао во прав и брашно за колачи.

f) Пам-прскајте четвртина тава и обложете ја со пергамент или само обложете ја тавата со силпат. Со помош на шпатула намачкајте го тестото за тортата во рамномерен слој во тавата. Печете 30 до 35 минути. Колачот ќе нарасне и ќе издува, ќе се удвои во големина, но ќе остане малку путер и густ. На 30 минути, нежно прободете го работ на тортата со прстот: колачот треба малку да отскокнува и центарот повеќе не треба да се тресне. Оставете го колачот во рерна уште 3 до 5 минути доколку не ги помине овие тестови.

g) Извадете ја тортата од рерна и изладете ја на решетка.

77. Торта со слој од пита со јаболка

ПРАВИ 1 (6-ИНЧИ) СЛОЈНА ТОРТА, ВИСОКА 5 ДО 6 ИНЧИ; СЛУЖУВА 6 ДО 8

Состојки

- 1 порција Торта со едвај кафеав путер
- 1 порција Apple Cider Soak
- 1 порција Течен чизкејк
- ½ порција трошка пита
- 1 порција Фил за пита со јаболка
- ½ порција замрзнување со трошки од пита

Правци

a) На тезгата ставете парче пергамент или силпат. Превртете ја тортата врз неа и излупете го пергаментот или Силпат од дното на колачот. Користете го прстенот за торта за да испечатите 2 кругови од тортата. Ова се вашите топ 2 слоја торта. Преостанатиот „остаток" од колачот ќе се собере за да го направи долниот слој на тортата.

Слој 1, дното

b) Исчистете го прстенот за торта и ставете го во центарот на тавата обложена со чиста пергамент или силпат. Користете 1 лента ацетат за да ја обложите внатрешноста на прстенот за торта.

c) Ставете ги остатоците од тортата внатре во прстенот и користете го задниот дел од раката за да ги набиете парчињата заедно во рамен рамномерен слој.

d) Потопете ја четката за пециво во јаболкото натопување и на слојот од колачот му дадете добра, здрава бања од половина од киснењето.

e) Со задниот дел од лажицата намачкајте половина од течниот чизкејк во рамномерен слој над колачот.

f) Над течниот чизкејк рамномерно посипете една третина од трошките од пита. Користете го задниот дел од раката за да ги закотвите на место.

g) Со задниот дел од лажицата распоредете половина од филот за пита со јаболка што е можно порамномерно над трошките.

Слој 2, среден

h) Со показалецот, нежно ставете ја втората лента од ацетат помеѓу прстенот за торта и горната $\frac{1}{4}$ инчи од првата лента ацетат, така што ќе имате чист прстен од ацетат висок 5 до 6 инчи - доволно висок за да ја поддржи висината на готовиот колач. Врз филот ставете круг колач и повторете го процесот за слој 1.

Слој 3, врвот

i) Вгнездувајте го преостанатиот колач во филот за пита со јаболка. Покријте го врвот на тортата со целиот мрзнење од трошките од пита. Дајте му волумен и вртежи, или правете како ние и одлучете се за совршено рамен горен дел. Украсете го замрзнувањето со преостанатите трошки од пита.

j) Префрлете ја тавата во замрзнувач и замрзнете минимум 12 часа за да се стегнат колачот и филот. Тортата ќе се чува во замрзнувач до 2 недели.

k) Најмалку 3 часа пред да бидете подготвени да ја послужите тортата, извлечете ја тавата од замрзнувачот и со прстите и палците извадете ја тортата од прстенот за торта. Нежно излупете го ацетатот и префрлете ја тортата во послужавник или штанд за колачи. Оставете го да се одмрзне во фрижидер минимум 3 часа (добро завиткано во пластика, може да се чува во фрижидер до 5 дена).

l) Исечете ја тортата на коцки и послужете.

78. Торта со кафеав путер

ПРАВИ 1 ЧЕТВРТИНА ЛИСТ ТАВА

Состојки

- 55 гр путер [4 супени лажици (½ стап)]
- 40 гр кафеав путер [2 лажици]
- 250 гр гранулиран шеќер [1¼ чаши]
- 60 гр светло-кафеав шеќер [¼ чаша цврсто спакуван]
- 3 јајца
- 110 гр матеница [½ чаша]
- 65 g масло од семе од грозје [⅓ чаша]
- 2 g екстракт од ванила [½ лажичка]
- 185 гр брашно за колачи [1½ чаши]
- 4 g прашок за пециво [1 лажичка]
- 4 g кошер сол [1 кафена лажичка]
- Пем или друг нелеплив спреј за готвење (опционално)

Правци

a) Загрејте ја рерната на 350°F.

b) Соединете ги путерот и шеќерот во садот со миксер со додаток за лопатка и кремот заедно на средно-висока 2 до 3 минути. Изгребете ги страните на садот, додајте ги јајцата и измешајте на средно висока температура 2 до 3 минути. Уште еднаш изгребете ги страните на садот.

c) Истурете ги матеницата, маслото и ванилата додека лопатката се врти со мала брзина. Зголемете ја брзината на средно-висока и лопатете 5 до 6 минути, додека смесата практично не стане бела, двојно поголема од вашата оригинална меки смеса со путер и шеќер и целосно хомогена. Во основа внесувате премногу течност во веќе мрсна смеса која не сака да направи место за неа, па ако не изгледа како што треба по 6 минути, продолжете да мешате. Запрете го миксерот и изгребете ги страните на садот.

d) На многу мала брзина додадете ги брашното за колачи, прашокот за пециво и солта. Мешајте 45 до 60 секунди, само додека тестото да се соедини и да се вградат сите остатоци од суви состојки. Изгребете ги страните на садот. Мешајте со мала брзина уште 45 секунди за да се осигурате дека се вградени сите мали грутки брашно за колачи.

e) Пам-прскајте четвртина тава и обложете ја со пергамент или само обложете ја тавата со силпат. Со помош на шпатула намачкајте го тестото за тортата во рамномерен слој во тавата. Печете 30 до 35 минути. Колачот ќе нарасне и ќе издува, ќе се удвои во големина, но ќе остане малку путер и густ. На 30 минути, нежно прободете го работ на тортата со прстот: колачот треба малку да отскокнува и центарот повеќе не треба да се тресне. Оставете го колачот во рерна уште 3 до 5 минути доколку не ги помине овие тестови.

f) Извадете ја тортата од рерна и изладете ја на решетка или, малку, во фрижидер или замрзнувач (не грижете се, не е измама). Оладениот колач може да се чува во фрижидер, завиткан во најлонска фолија, до 5 дена.

79. Течен чизкејк

ЗДРАВУВА ОКОЛУ 325 g (1½ чаши)

Состојки

- 225 гр крем сирење [8 унци]
- 150 гр шеќер [¾ чаша]
- 6 гр пченкарен скроб [1 лажица]
- 2 g кошер сол [½ лажичка]
- 25 гр млеко [2 лажици]
- 1 јајце

Правци

a) Загрејте ја рерната на 300°F.

b) Ставете го крем сирењето во сад со миксер опремен со додаток за лопатка и мешајте на мала брзина 2 минути. Со шпатула изгребете ги страните на садот. Додадете го шеќерот и мешајте 1 до 2 минути, додека шеќерот целосно не се соедини. Изгребете ги страните на садот.

c) Во средна чинија изматете ги пченкарниот скроб и солта. Изматете го млекото со бавен, постојан тек, а потоа изматете го јајцето додека кашеста маса не стане хомогена.

d) Со миксер на средно-ниска брзина, истурете ја кашеста маса од јајца. Веслате 3 до 4 минути, додека смесата не стане мазна и лабава. Изгребете ги страните на садот.

e) Обложете го дното и страните на тавата за печење од 6 × 6 инчи со пластична фолија. Истурете го тестото за чизкејк во тавата, ставете ја тавата во рерна и печете 15 минути. Нежно протресете ја тавата. Чизкејкот треба да биде поцврст и понаместен кон надворешните граници на тавата за печење, но сепак да биде раздвижен и лабав во мртвата точка. Ако чизкејкот е раздвижен насекаде, дајте му уште 5 минути. И уште 5 минути ако му треба, но никогаш не ми требаа повеќе од 25 минути за да потпече. Ако чизкејкот нарасне повеќе од $\frac{1}{4}$ инчи или почне да порумени, веднаш извадете го од рерната.

f) Целосно изладете го чизкејкот, за да го завршите процесот на печење и оставете го чизкејкот да се стегне. Финалниот производ ќе личи на чизкејк, но ќе биде доволно подвижен и лесно да се шири или размачка, а да има тело и волумен. Откако ќе се излади, чизкејкот може да се чува во херметички сад во фрижидер до 1 недела.

80. Торта со слој од банана

ПРАВИ 1 (6-ИНЧИ) СЛОЈНА ТОРТА, ВИСОКА 5 ДО 6 ИНЧИ; СЛУЖУВА 6 ДО 8

Состојки

- 1 порција Торта со банана
- 55 гр млеко [¼ чаша]
- 1 порција ганаш со чоколаден лешник, загреан
- ½ порција Крцкање со лешник
- ½ порција крем од банана
- 1 порција Фрстинг со лешник

Правци

a) На тезгата ставете парче пергамент или силпат. Превртете ја тортата врз неа и излупете го пергаментот или Силпат од дното на колачот. Користете го прстенот за торта за да испечатите 2 кругови од тортата. Ова се вашите топ 2 слоја торта. Преостанатиот „остаток" од колачот ќе се собере за да го направи долниот слој на тортата.

Слој 1, дното

b) Исчистете го прстенот за торта и ставете го во центарот на тавата обложена со чиста пергамент или силпат. Користете 1 лента ацетат за да ја обложите внатрешноста на прстенот за торта.

c) Ставете ги остатоците од тортата внатре во прстенот и користете го задниот дел од раката за да ги набиете парчињата торта заедно во рамен рамномерен слој.

d) Потопете четка за пециво во млекото и дајте му на слојот од колачот добра, здрава бања со половина од млекото.

e) Со задниот дел од лажицата намачкајте половина од ганашот во рамномерен слој над колачот.

f) Над ганашот рамномерно посипете една третина од крцкањето на лешникот. Користете го задниот дел од раката за да го закотвите на место.

g) Користете го задниот дел од лажицата за да намачкате половина од кремот од банана што е можно порамномерно над крцкањето.

Слој 2, среден

h) Со показалецот, нежно ставете ја втората лента од ацетат помеѓу прстенот за торта и горната $\frac{1}{4}$ инчи од првата лента ацетат, така што ќе имате чист прстен од ацетат висок 5 до 6 инчи - доволно висок за да ја поддржи висината на готовиот колач. Врз кремот од банана ставете круг колач и повторете го процесот за слој 1.

Слој 3, врвот

i) Остатокот од колачот се вгнездува во кремот од банана. Покријте го врвот на колачот со целиот сладок лешник. Дајте му волумен и вртежи, или правете како ние и одлучете се за совршено рамен горен дел. Украсете го замрзнувањето со преостанатите гроздови крцкање од лешник.

j) Префрлете ја тавата во замрзнувач и замрзнете минимум 12 часа за да се стегнат колачот и филот. Тортата ќе се чува во замрзнувач до 2 недели.

k) Најмалку 3 часа пред да бидете подготвени да ја послужите тортата, извлечете ја тавата од замрзнувачот и со прстите и палците извадете ја тортата од прстенот за торта. Нежно излупете го ацетатот и префрлете ја тортата во послужавник или штанд за колачи. Оставете го да се одмрзне во фрижидер минимум 3 часа

l) Исечете ја тортата на коцки и послужете.

81. Торта со банана

ПРАВИ 1 ЧЕТВРТИНА ЛИСТ ТАВА

Состојки

- 85 гр путер, на собна температура [6 лажици]
- 200 гр шеќер [1 чаша]
- 1 јајце
- 110 гр матеница [½ чаша]
- 20 гр масло од семе од грозје [2 лажици]
- 2 g екстракт од банана [½ лажичка]
- 225 гр банани [2]
- 225 гр брашно [1⅓ чаши]
- 3 g прашок за пециво [¾ лажичка]
- 3 g сода бикарбона [½ лажичка]
- 2 g кошер сол [½ лажичка]

Правци

a) Загрејте ја рерната на 325°F.

b) Соединете ги путерот и шеќерот во садот со миксер опремен со додаток за лопатка и кремот заедно на средно-висока 2 до 3 минути. Изгребете ги страните на садот, додадете го јајцето и повторно измешајте на средно висока температура 2 до 3 минути. Уште еднаш изгребете ги страните на садот.

c) Истурете го матеницата, маслото и екстрактот од банана додека лопатката се врти со мала брзина. Зголемете ја брзината на миксерот на средно-висока и лопатете 5 до 6 минути, додека смесата практично не стане бела, двојно поголема од вашата оригинална меки смеса со путер и шеќер и целосно хомогена. Во основа внесувате премногу течност во веќе мрсна смеса која не сака да направи простор за неа, па ако не изгледа како што треба по 6 минути, продолжете да мешате. Запрете го миксерот и изгребете ги страните на садот.

d) На многу мала брзина, додадете ги бананите и измешајте 45 до 60 секунди за да се осигурате дека сите банани се распарчат.

e) Сè уште со мала брзина, додајте ги брашното, прашокот за пециво, сода бикарбона и солта и измешајте 45 до 60 секунди, само додека тестото не се соедини и не се соединат сите остатоци од суви состојки. Изгребете ги страните на садот.

f) Пам-прскајте четвртина тава и обложете со пергамент или само обложете ја тавата со Silpat. Со помош на шпатула намачкајте го тестото за тортата во рамномерен слој во тавата. Допрете го долниот дел од вашата тава за да го изедначите слојот.

g) Печете 25 до 30 минути. Колачот ќе нарасне и ќе издува, ќе се удвои во големина, но ќе остане малку путер и густ. На 25 минути, нежно прободете го работ на тортата со прстот: колачот треба малку да отскокнува и центарот повеќе не треба да се тресне. Оставете ја тортата во рерна уште 3 до 5 минути доколку колачот не ги помине овие тестови.

h) Извадете ја тортата од рерна и изладете ја на решетка или, малку, во фрижидер или замрзнувач.

82. Замрзнување од лешник

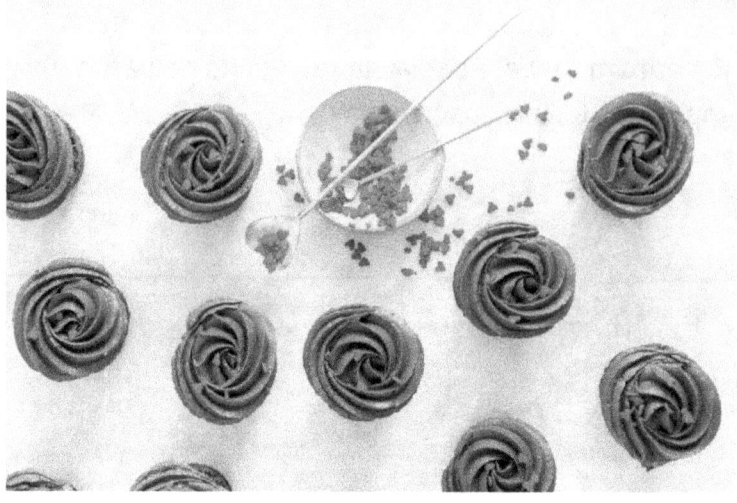

ЗАРАБОТУВА ОКОЛУ 110 G (⅓ шолја)

Состојки

- 25 гр путер, на собна температура [2 лажици]
- 65 гр паста од лешник [¼ чаша]
- 20 г шеќер за слатки [2 лажици]
- 0,5 g кошер сол [⅛ лажичка]

Правци

a) Ставете го путерот во садот со миксер опремен со додаток за лопатка и лопатете со средно-висока брзина додека не се изедначи целосно. Со шпатула изгребете ги страните на садот. Ова е мала количина на состојки, затоа користете ја вашата баба миксер сега или преземете ја задачата рачно во средна чинија.

b) Додадете ја пастата од лешник, слаткарскиот шеќер и солта и измешајте на голема брзина додека мрзнетото не се помати и нема грутки во него, 3 до 4 минути. Изгребете ги страните на садот и измешајте 15 секунди, само за да бидете сигурни дека сè е убаво и мазно.

c) Користете веднаш или чувајте го во херметички сад во фрижидер до 1 месец. Доведете на собна температура пред употреба.

ТОПЛА ФАЦ

83. Фац сос

ПРАВИ ½ шолја

Состојки

- 30 g 72% чоколадо, исечкано [1 унца]
- 18 g какао во прав
- 0,5 g кошер сол [⅛ лажичка]
- 100 g гликоза [¼ чаша]
- 25 гр шеќер [2 лажици]
- 55 g дебела павлака [¼ чаша]

Правци

a) Во средна чинија измешајте ги чоколадото, какаото во прав и солта.

b) Соедините ги гликозата, шеќерот и дебелата павлака во тенџере со дебело дно и мешајте наизменично додека доведете до вриење на висока топлина. Во моментот кога ќе зоврие, истурете го во садот во кој се држи чоколадото. Оставете да отстои 1 цела минута.

c) Полека, полека почнете да ја матите смесата. Потоа продолжете, зголемувајќи ја јачината на матењето на секои 30 секунди, додека смесата не стане сјајна и свиленкасто мазна. Ова ќе потрае од 2 до 4 минути, во зависност од вашата брзина и сила. Можете да го користите сосот во овој момент или да го чувате во херметички сад во фрижидер до 2 недели; не замрзнувајте.

84. Сос од слад

ПРАВИ ОКОЛКУ 1¾ чаши

Состојки

- 60 g 72% чоколадо, исечкано [2 унци]
- 80 гр Овалтин, со вкус на слад [1 чаша]
- 5 g меласа [1 кафена лажичка]
- 1 g кошер сол [¼ лажичка]
- 200 гр гликоза [½ чаша]
- 50 гр шеќер [¼ чаша]
- 110 гр дебела павлака [½ чаша]

Правци

a) Во средна чинија измешајте ги чоколадото, овалтинот, меласата и солта.

b) Соединете ги гликозата, шеќерот и дебелата павлака во тенџере со дебело дно и мешајте наизменично додека доведете до вриење на висока топлина. Во моментот кога ќе зоврие, истурете го во садот во кој се држи чоколадото. Оставете да отстои 1 цела минута.

c) Полека, полека почнете да ја матите смесата. Потоа продолжете, зголемувајќи ја јачината на матењето на секои 30 секунди, додека смесата не стане сјајна и свиленкасто мазна. Ова ќе потрае од 2 до 4 минути, во зависност од вашата брзина и сила.

85. Ерл сив епски сос

ЗАРАБОТУВА ОКОЛУ 250 г (¼ шолја), ИЛИ ДОВОЛНО ЗА 4 ИЛИ ПОВЕЌЕ САНДИ

Состојки

- 40 гр вода [3 лажици]
- 1 кесичка чај од Ерл Греј
- 30 g 72% чоколадо, исечкано [1 унца]
- 18 g какао во прав
- 0,5 g кошер сол [⅛ лажичка]
- 100 g гликоза [¼ чаша]
- 25 гр шеќер [2 лажици]
- 55 g дебела павлака [¼ чаша]

Правци

a) Оставете ја водата да зоврие. Тргнете го од оган, додадете го чајот и оставете да се вари 4 минути.

b) Исцедете ја и извадете ја кесичката чај и истурете го чајот во средна чинија. Додадете го чоколадото, какаото во прав и солта.

c) Соедините ги гликозата, шеќерот и дебелата павлака во тенџере со дебело дно и мешајте наизменично додека доведете до вриење на висока топлина. Во моментот кога ќе зоврие, истурете го во садот во кој се држи чоколадото. Оставете да отстои 1 цела минута.

d) Полека, полека почнете да ја матите смесата. Потоа продолжете, зголемувајќи ја силата на вашето матење на секои 30 секунди.

ГАНАШ

86. Ганаш од тиква

ЗДРАВУВА ОКОЛУ 340 г (1¼ шолји)

Состојки

- 150 гр бело чоколадо [5¼ унци]
- 25 гр путер [2 лажици]
- 50 гр гликоза [2 лажици]
- 55 гр ладен дебел павлака [¼ чаша]
- 75 гр пире од тиква Либи [⅓ чаша]
- 4 g кошер сол [1 кафена лажичка]
- 1 g мелен цимет [½ лажичка]

Правци

a) Соединете ги белото чоколадо и путерот во сад за микробранова печка и нежно растопете ги во микробранова печка во рафали од 15 секунди, мешајќи помеѓу експлозиите.

b) Чоколадната смеса префрлете ја во сад. Загрејте ја гликозата во микробранова печка 15 секунди, а потоа веднаш додајте ја во чоколадната смеса и изматете со рачниот блендер.

c) По една минута истурете ја густата павлака, додека рачниот блендер работи.

d) Измешајте ги пирето од тиква, солта и циметот. Ставете го ганашот во фрижидер да се стегне пред употреба, најмалку 4 часа или, идеално, преку ноќ.

87. Ганаш од корен од целер

ЗДРАВУВА ОКОЛУ 375 g (1½ чаши)

Состојки

- 1 среден корен од целер, излупен и исечен на коцки
- 10 гр масло од семе од грозје [1 лажица]
- 1 g кошер сол [¼ лажичка]
- 1 g свежо мелен црн пипер [¼ лажичка]
- млеко по потреба
- 150 гр бело чоколадо [5¼ унци]
- 40 гр путер [3 лажици]
- 50 гр гликоза [2 лажици]
- 55 гр ладен дебел павлака [¼ чаша]
- 4 g кошер сол [1 кафена лажичка]

Правци

a) Загрејте ја рерната на 325°F.

b) Ставете ги парчињата корен од целер на голем лист алуминиумска фолија. Додадете го маслото, солта и биберот и фрлете да се премачка коренот на целерот. Преклопете ја фолијата за да го затворите коренот на целерот, ставете го пакетчето на тава за лесно ракување и печете 30 до 60 минути. Коренот на целерот во тој момент треба да биде малку карамелизиран и нежен; ако не, дајте му дополнителни 15-минутни интервали во рерната.

c) Коренот од целер префрлете го во блендер и испасирајте го. (Ако вашиот блендер ви прави проблеми, додадете до 2 лажици млеко за да помогнете во тоа.) Поминете го пирето низ цедалка со ситна мрежа - треба да има текстура на пире од тиква Либи (или храна за бебиња). Измерете 125 g (½ чаша) пире од корен од целер. Оставете да се излади.

d) Соединете ги белото чоколадо и путерот во сад за микробранова печка и нежно растопете ги во микробранова печка во рафали од 15 секунди, мешајќи помеѓу експлозиите. Резултатот треба да биде едвај топол на допир и целосно хомоген.

e) Префрлете ја чоколадната смеса во сад во кој може да се смести блендер за потопување - нешто високо и тесно, како пластичен сад за сувомеснати производи од 1 литар. Загрејте ја гликозата во микробранова печка 15 секунди, а потоа веднаш додајте ја во чоколадната смеса и изматете со рачниот блендер. По една минута, истурете го дебелиот крем, додека рачниот блендер работи - смесата ќе се соедини во нешто свилено, сјајно и мазно.

f) Измешајте го пирето од корен од целер и солта; вкусете и додадете повеќе сол доколку е потребно. Ставете го ганашот во фрижидер да се стегне пред употреба, најмалку 4 часа или, идеално, преку ноќ. Се чува во херметички затворен сад, ќе се чува во фрижидер 1 недела. Послужете ладно.

88. Ганаш од репка-вар

ЗДРАВУВА ОКОЛУ 330 g (1½ чаши)

Состојки

- 2 средни цвекло, излупени и исечени на коцки (користете ракавици;)
- 1 лимета
- млеко по потреба
- 120 гр бело чоколадо [4¼ унци]
- 25 гр путер [2 лажици]
- 100 g гликоза [¼ чаша]
- 55 гр ладен дебел павлака [¼ чаша]
- 3 g кошер сол [¾ лажичка]

Правци

a) Загрејте ја рерната на 325°F.

b) Завиткајте ги парчињата цвекло во голем лист алуминиумска фолија и ставете го на тавче за лесно ракување. Печете 1 до 2 часа, или додека цвеклото не стане кашестата страна; дајте им дополнителни 30-минутни интервали во рерната ако не се.

c) Во меѓувреме изрендајте ја кората од лиметата; резерва. Исцедете 8 g (2 лажички) сок од лиметата и резервирајте.

d) Префрлете го цвеклото во блендер и испасирајте го. (Ако вашиот блендер ви прави проблеми, додадете до 1 лажица млеко за да помогнете во тоа.) Поминете го пирето низ цедалка со ситна мрежа - треба да има текстура на пире од тиква Либи (или храна за бебиња). Измерете 120 g (⅓ чаша) пире од репка. Оставете да се излади.

e) Соединете ги белото чоколадо и путерот во сад за микробранова печка и нежно растопете ги во микробранова печка во рафали од 15 секунди, мешајќи помеѓу експлозиите. Резултатот треба да биде едвај топол на допир и целосно хомоген.

f) Префрлете ја чоколадната смеса во сад во кој може да се смести блендер за потопување - нешто високо и тесно, како пластичен сад за сувомеснати производи од 1 литар. Загрејте ја гликозата во микробранова печка 15 секунди, а потоа веднаш додајте ја во чоколадната смеса и изматете со рачниот блендер. По една минута, истурете го дебелиот крем, додека рачниот блендер работи - смесата ќе се соедини во нешто свилено, сјајно и мазно.

g) Измешајте ги пирето од репка, корaта од лимета и солта. Ставете го ганашот во фрижидер 30 минути да се стегне.

h) Со шпатула свиткајте го сокот од лимета во ганашот (не правете го тоа додека ганашот не се намести, или ќе го скршите ганашот). Повторно ставете го ганашот во фрижидер најмалку 3 часа или, идеално, преку ноќ. Се чува во херметички затворен сад, ќе се чува во фрижидер 1 недела. Послужете ладно.

89. Чоколадна ганаш од лешник

ЗДРАВИ ОКОЛУ 215 g (¼ шолја)

Состојки

- 55 g дебела павлака [¼ чаша]
- 60 г чоколадо џандуја, стопено [2 унци]
- 65 гр паста од лешник [¼ чаша]
- ¼ порција сос од епица [38 g (3 лажици)]
- 1 g кошер сол [¼ лажичка]

Правци

a) Доведете ја густата павлака да зоврие во мало тенџере со дебело дно на средно-силен оган.

b) Во средна чинија измешајте ги растопената џандуја, пастата од лешник, сосот од епови и солта.

c) Истурете го кремот во садот и оставете го непречено да отстои 1 минута. Со рачен блендер или жица за матење полека измешајте ја содржината на садот додека смесата не стане сјајна и свилено-мазна. Ова ќе потрае од 2 до 4 минути, во зависност од вашата брзина и сила. Користете веднаш или чувајте го во херметички сад во фрижидер до 2 недели; не замрзнувајте.

90. Греам ганаш

ЗАРАБОТУВА ОКОЛУ 150 g (⅓ шолја)

Состојки

- ½ порција Грахам кора
- 85 g млеко [⅓ чаша]
- 2 g кошер сол [½ лажичка]

Правци

a) Комбинирајте ја кората од Греам, млекото и солта во блендер и пасирајте со средна брзина додека не се изедначи и хомогена - ќе бидат потребни 1 до 3 минути (во зависност од чудесноста на вашиот блендер).

b) Ако смесата не се фати за сечилото на вашиот блендер, исклучете го, земете мала лажичка и изгребете ги страните на канистерот, не заборавајте да изгребете под сечилото, а потоа обидете се повторно.

c) Користете го ганашот веднаш или чувајте го во херметички сад во фрижидер до 5 дена.

урда

91. Грејпфрут страст урда

ЗДРАВУВА ОКОЛУ 350 g (1¼ шолји)

Состојки

- 50 гр пире од страсно овошје [¼ чаша]
- 40 гр шеќер [3 лажици]
- 1 јајце
- ½ лист желатин
- 85 гр многу ладен путер [6 супени лажици]
- 1 g кошер сол [¼ лажичка]
- 1 голем грејпфрут
- 3 g масло од семе од грозје [1 лажичка]

Правци

a) Ставете го пирето од страсно овошје и шеќерот во блендер и блендирајте додека не се растворат шеќерните гранули. Додадете го јајцето и блендирајте на тивко додека не добиете светло портокалово-жолта смеса. Префрлете ја содржината на блендерот во средно тенџере или тенџере. Исчистете го канистерот за блендер.

b) Расцутете го желатинот.

c) Загрејте ја смесата од страсно овошје на тивок оган, редовно матејќи. Како што се загрева, ќе почне да се згуснува; внимателно внимавајте на тоа. Откако смесата ќе зоврие, тргнете ја од шпоретот и префрлете ја во блендер. Додадете го расцутениот желатин, путерот и солта и измешајте додека смесата не стане густа, сјајна и супер мазна.

d) Префрлете ја смесата во сад отпорен на топлина и ставете го во фрижидер 30 до 60 минути, додека урдата не се излади целосно.

e) Додека урдата од страсно овошје се лади, користете нож за чистење за внимателно да ја отстраните кората од грејпфрутот. Потоа внимателно отстранете го секој сегмент од грејпфрут од неговите мембрани со сечење на двете страни од секој сегмент, по мембраната, до центарот на плодот; сегментите треба да излезат веднаш.

f) Ставете ги парчињата грејпфрут во мало тенџере со масло од семе од грозје и загрејте ги на тивок оган, повремено и нежно мешајќи со лажица. По околу 2 минути, топлото масло ќе помогне да се одвојат и да се инкапсулираат поединечните „нишки" од грејпфрут. Тргнете го од оган и оставете ги конците малку да се изладат пред да продолжите.

g) Со помош на лажица или гумена шпатула, нежно измешајте ги нишките од грејпфрут во изладената урда од страст. Користете го веднаш или префрлете го во херметички сад и чувајте го во фрижидер до 1 недела.

92. Засладен кондензиран грејпфрут

ЗДРАВУВА ОКОЛУ 275 g (1 шолја)

Состојки

- 225 гр засладено кондензирано млеко [¾ чаша]
- 30 g Tropicana Ruby сок од црвен грејпфрут [2 лажици]
- 2 g кошер сол [½ лажичка]
- 2 g лимонска киселина [½ лажичка]
- 1 капка црвена прехранбена боја

Правци

a) Соединете го засладеното кондензирано млеко, сокот од грејпфрут, солта, лимонската киселина и прехранбената боја во средна чинија и измешајте со гумена шпатула со мешање и превиткување над смесата додека не стане хомогена.

b) Користете го веднаш или префрлете го во херметички сад и чувајте го во фрижидер до 2 недели.

93. Урда од страсно овошје

ЗДРАВУВА ОКОЛУ 360 g (1½ шолји)

Состојки

- 100 гр пире од страсно овошје [½ чаша]
- 65 гр шеќер [⅓ чаша]
- 2 јајца
- 1 лист желатин
- 170 гр путер, многу ладен [12 лажици (1½ стапчиња)]
- 2 g кошер сол [½ лажичка]

Правци

a) Ставете го пирето од страсно овошје и шеќерот во блендер и блендирајте додека не се растворат шеќерните гранули. Додадете ги јајцата и измешајте на тивко. Префрлете ја содржината на блендерот во средно тенџере или тенџере. Исчистете го канистерот за блендер.

b) Расцутете го желатинот.

c) Загрејте ја смесата од страсно овошје на тивок оган, редовно матејќи. Како што се загрева, ќе почне да се згуснува; внимателно внимавајте на тоа. Откако ќе зоврие, тргнете го од шпоретот и префрлете го во блендер. Додадете го расцутениот желатин, путерот и солта и измешајте додека смесата не стане густа, сјајна и супер мазна.

d) Префрлете ја смесата во сад отпорен на топлина и ставете ја во фрижидер додека урдата не се излади целосно, најмалку 30 минути.

94. Урда од лимон

ЗАРАБОТУВА ОКОЛУ 460 G (2 чаши)

Состојки

- 3 лимони, излупени
- 100 гр шеќер [½ чаша]
- 4 јајца
- 1 лист желатин
- 115 гр путер, многу ладен [8 лажици (1 стап)]
- 2 g кошер сол [½ лажичка]

Правци

a) Исцедете 80 g (⅓ чаша) сок од лимоните.

b) Во блендер ставете ги шеќерот, кората од лимон и сокот од лимон и матете додека не се растворат шеќерните гранули. Додадете ги јајцата и измешајте на тивко. Префрлете ја содржината на блендерот во средно тенџере или тенџере. Исчистете го канистерот за блендер.

c) Расцутете го желатинот.

d) Загрејте ја смесата од лимон на тивок оган, редовно матејќи. Како што се загрева, ќе почне да се згуснува; внимателно внимавајте на тоа. Откако ќе зоврие, тргнете го од шпоретот и префрлете го во блендер. Додадете го расцутениот желатин, путерот и солта и измешајте додека смесата не стане густа, сјајна и супер мазна.

е) Истурете ја смесата низ ситно решетко сито во сад отпорен на топлина и ставете го во фрижидер додека урдата од лимон не се излади целосно, најмалку 30 минути.

КРОАСАНИ

95. Кроасани со кимчи и сино сирење

ПРАВИ 5 КРОАСАНИ

Состојки

- ½ порција мајчино тесто, докажано
- 105 гр брашно, за бришење прашина [¼ шолја]
- 1 порција путер Кимчи
- 200 гр сино сирење, распарчено [7 унци (1 чаша)]
- 1 јајце
- 4 g вода [½ лажичка]

Правци

a) Ударете го и израмнете го тестото на мазен, сув маса. Посипете го шалтерот, тестото и сукалото со брашно и развлечете го тестото до правоаголник околу 8 × 12 инчи, па дури и во дебелина. Извадете ја подлогата со путер од фрижидерот и ставете ја на едната половина од правоаголникот на тестото. Преклопете ја другата половина од правоаголникот на тестото над подлогата за путер и штипнете ги рабовите затворени околу неа. Прекријте со пластична фолија и оставете да отстои 10 минути на собна температура.

b) За да ги направите кроасаните, ќе треба да ставите 3 „двојни книжни" вртења во тестото за да се создадат доволно наизменични слоеви брашно и путер за кроасаните да нараснат и да се издуват во рерната.

c) За да ја направите вашата прва двојна книшка да се врти, посипете ја површината на бројачот, тркалачкиот игла и тестото со брашно, не заборавајте да побришите и под тестото. Повторно развлечете го тестото до правоаголник 8 × 12 инчи, па дури и во дебелина.

d) Бидете нежни со сукалото и внимавајте да не се пробие во кој било дел од снопчето со путер или да се тркалаат толку силно што путерот се тркала веднаш од тестото. Погрижете се да не остане прекумерна количина брашно врз или под вашето тесто - исчистете го вишокот прашина со рацете.

e) Визуелно поделете го вашето тесто по должина на четвртинки. Преклопете ги двете надворешни четвртини до централната оска, или 'рбетот, на правоаголникот на тестото, така што тие се спојуваат во центарот. Потоа затворете ја книгата, со еден раб да се сретне со другиот со 'рбетот сега на едната страна. Завиткајте го лабаво во пластика и префрлете го во фрижидер 30 минути.

f) Повторете ги чекорите 2 и 3 двапати повеќе за да направите вкупно 3 вртења, секој пат кога ќе започнете вртење, погрижете се отворените рабови или шевовите на вашето тесто да бидат свртени од вас. Понекогаш пишуваме 1, 2 или 3 на пластиката што ја користиме за завиткување на тестото додека ги ставаме вртењата во него за да не изгубиме број. Ако ставите еден премногу вртења, нема да му наштети на вашето тесто; ако прескокнете еден, ќе завршите многу разочарани од вашите меки кроасани за тело.

g) За последното и последно вадење, посипете ја површината на бројачот, тркалачкиот игла и тестото со брашно, не заборавајте да побришите и под тестото. Расукајте го тестото до правоаголник кој е 8 × 12 инчи, па дури и во дебелина.

h) Со нож за чистење или секач за пица, исечете го тестото на 5 триаголници, секој долг 8 инчи од најистакнатиот врв до центарот на страната преку него и 4 инчи широк на дното.

i) Поделете го синото сирење меѓу кроасаните, ставајќи го во центарот на широкиот долен крај на секој триаголник. Почнувајќи од крајот на синото сирење, користете ја едната рака за да започнете да го тркалате тестото кон врвот на триаголникот додека другата рака го држи врвот и нежно го растегнува.

j) Продолжете додека триаголникот целосно не се навива во форма на полумесечина. Осигурајте се дека врвот на триаголникот е подвиткан под телото на полумесечината, или ќе се расплетка во рерната. Свиткајте ги остатоците во јазли од кимчи кроасан или направете прасиња во ќебиња!

k) Префрлете ги кроасаните во тавче обложено со пергамент, наредете ги на растојание од 6 инчи. Покријте лесно со пластика и оставете на собна температура да се удвои во големина, околу 45 минути.

l) Загрејте ја рерната на 375°F.

m) Во помал сад изматете ги јајцето и водата. Великодушно премачкајте го врвот на вашите кроасани со миење јајца, користејќи четка.

n) Кроасаните печете ги 20 до 25 минути или додека не се удвои во големина, се карамелизираат на рабовите и имаат кора од надворешниот слој што звучи шупливо кога ќе ги допрете. Тие се убиствени надвор од рерната и вкусни на собна температура.

96. Турција, швајцарски и кроасани со сенф

ПРАВИ 5 КРОАСАНИ

Состојки

- ½ порција мајчино тесто, докажано
- 105 гр брашно, за бришење прашина [¼ шолја]
- 1 порција путер од сенф
- 130 гр исечена мисирка [5 унци]
- 70 гр рендано швајцарско сирење [2½ унци (¾ чаша)]
- 20 гр мајонез [2 лажици]
- 1 јајце
- 4 g вода [½ лажичка]

Правци

a) Следете ги упатствата за кроасани Кимчи низ чекор 5, заменувајќи го путерот од сенф за путерот од кимчи.

b) Со нож или машина за сечење пица, исечете го тестото на 5 триаголници, долги 8 инчи од најистакнатиот врв до центарот на страната преку него и 4 инчи широк на дното. Поделете ја исечената мисирка на 5 кроасани, наредувајќи ги парчињата на центарот на широкиот долен крај на триаголникот. Наредете го швајцарското сирење врз мисирката, со прстите правејќи ја во гнезда. Ставете го мајонезот во гнездата на швајцарското сирење.

c) Почнувајќи од широкиот долен крај, користете ја едната рака за да започнете да го тркалате тестото кон врвот на триаголникот додека другата рака го држи врвот и нежно го растегнува. Продолжете додека триаголникот целосно не се навива во форма на полумесечина. Осигурајте се дека врвот на триаголникот е подвиткан под телото на полумесечината, или ќе се расплетка во рерната. Свртете ги остатоците во јазли од синап или направете прасиња во ќебиња!

d) Префрлете ги кроасаните во тавче обложено со пергамент, наредете ги на растојание од 6 инчи. Покријте лесно со пластика и оставете на собна температура да се удвои во големина, околу 45 минути.

e) Загрејте ја рерната на 375°F.

f) Во помал сад изматете ги јајцето и водата. Великодушно премачкајте го врвот на вашите кроасани со миење јајца, користејќи четка.

g) Кроасаните печете ги 20 до 25 минути или додека не се удвои во големина, се карамелизираат на рабовите и имаат кора од надворешниот слој што звучи шупливо кога ќе ги допрете. Тие се убиствени надвор од рерната и вкусни на собна температура. Ако од некоја чудна причина не се изедат веднаш, завиткајте ги поединечно во пластика и чувајте ги во фрижидер до 3 дена. Сакаме да ги наздравиме нашите кроасани пред да јадеме во вториот и третиот ден.

TAPT

97. Тарт со јаболко брусница наопаку

Принос: 1 порција

Состојки

- ⅔чаша Шеќер
- 3 лажици Вода
- 6 курви јаболка, излупени, со јадра и тенко исечени
- 1 чаша брусница
- 3 лажици Шеќер
- 1 лажица путер
- 1 Непечена лушпа за пита

Правци

a) Варете ⅔шолја шеќер и 3 лажици вода во мало покриено тенџере 5 минути. Откријте и варете додека не добие златно густа карамела.

b) Веднаш тргнете го од оган за да не изгори карамелата. Истурете во 10-инчна стаклена или метална чинија за пита. Завртете се до дното.

c) Една третина од парчињата јаболка преклопете ја на карамелот.

d) Одозгора се става една третина од брусницата и се посипува со 1 лажица шеќер. Повторете двапати со преостанатото овошје и шеќер, точка со путер.

e) Поставете го тестото лабаво над овошјето. Се пече на 400 30 минути. Извадете го на решетката и изладете 5 минути. Навалете ја чинијата за пита врз мала чинија и истурете ги сите насобрани сокови. Превртете ја чинијата за сервирање преку пита. Превртете ги двете заедно.

f) Подигнете ја чинијата за пита. Тартот послужете го топол со сладолед од ванила.

98. Тарт од јаболка малина

Принос: 8 порции

Состојки

- 1 шолја сенаменско брашно
- ½ лажичка Сол
- ⅓ чаша Скратување
- 2 лажици Ладна вода; до 3
- 1 јајце; разделени
- 23 унци густ сос од јаболко
- 1 чаша свежи малини ИЛИ 10 oz. пкг. замрзнати; одмрзнат, исцедени
- 2 лажици Шеќер
- ½ лажичка цимет
- ¾ чаша брашно за сите намени
- ½ чаша Цврсто спакуван кафеав шеќер
- ½ лажичка цимет
- ⅓ чаша маргарин или путер; омекнат

Правци

a) Загрејте ја рерната на 400 F.

b) Во средна чинија измешајте брашно и сол. Користејќи блендер за пециво или 2 ножеви, исечете го скратувањето во смесата со брашно додека честичките не добијат големина на мал грашок.

c) Постепено додавајте вода, фрлајќи со вилушка додека смесата не се навлажни.

d) Соберете пециво во топка. Израмнете ја топката. Расукајте на лесно набрашнета површина од центарот до работ во круг $1\frac{1}{2}$ инчи поголем од превртената тава за тарт од 9 инчи.

e) Преклопете го тестото на половина; ставете во тава. се расплетува; притиснете на долната и горната страна на тавата. Исечете ги рабовите доколку е потребно.

f) Печете на 400 F за 5 минути. Извадете од рерната; намалете ја температурата на рерната на 375 F. Во помал сад изматете ја белката. Премачкајте со четка преку целата површина на делумно испечената кора. Резервирајте ја жолчката за полнење.

g) Во средна чинија измешајте сос од јаболко, малини, шеќер, $\frac{1}{2}$ лажичка цимет и жолчка од јајце. Истурете во тавче обложено со пециво.

h) Во средна чинија, измешајте ги сите состојки за преливот; посипете со овошна смеса. Печете на 375 F за

40 до 50 минути или додека преливот не стане златно кафеав.

i) Кул; отстранете ги страните на тавата. Послужете со шлаг.

99. Тарт од артишок

Принос: 8 порции

Состојки

- 1 слепо печена кора за пита во 10 флејта; г
- 1 тава за тарт
- 2 лажици маслиново масло
- 1-унца панцета; жулиен
- ½ чаша мелен кромид
- 2 лажици мелено шелот
- Срца од артишок од 6 унца
- 1 лажица мелено лук
- ¼ чаша дебела павлака -; (до 1/2 чаша)
- 3 лажици шифонада свеж босилек
- 1 сок од еден лимон
- ½ чаша рендано пармиџано-реџано сирење
- ½ шолја рендано азијаго сирење
- 1 сол; по вкус
- 1 свежо мелен црн пипер; по вкус

- 1 чаша сос од домати со тревки; топло
- 1 лажица босилек од шифон
- 2 лажици рендан пармезан

Правци

a) Загрејте ја рерната на 350 степени. Во тенџере загрејте го маслиновото масло.

b) Пржете ја панцетата 1 минута. Додадете го кромидот и кромидот, пржете 2 до 3 минути. Додадете ги срцата и лукот и продолжете со пржењето 2 минути. Додадете го кремот. Зачинете со сол и бибер. Измешајте ги босилекот и сокот од лимон. Тргнете го од оган и изладете. Распоредете ја смесата од артишок на дното на тавата за тарт. Над смесата посипете ги сирењата. Печете 15 до 20 минути или додека сирењата не се стопат и не добијат златно кафеава боја. Ставете базен од сосот во центарот на чинијата. Ставете парче од тартот во центарот на сосот.

c) Украсете со рендано сирење и босилек.

100. Тарт со матеница од боровинки

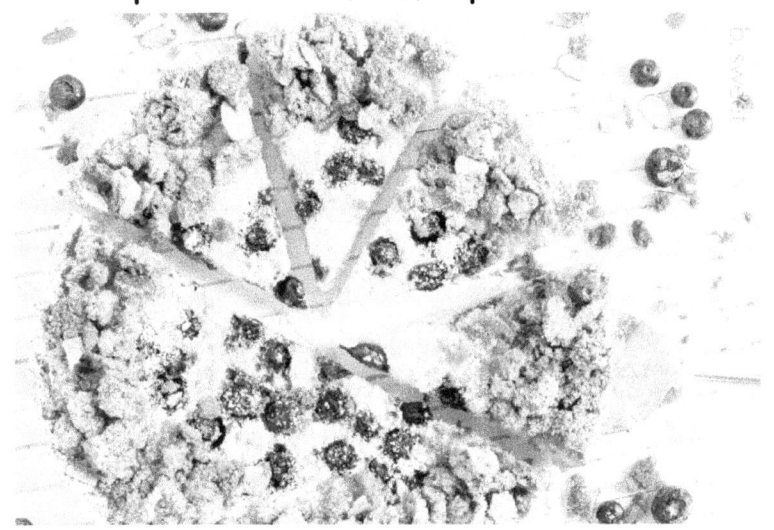

Принос: 1 порција

Состојки

Школка

- 1 ½ чаша брашно за сите намени
- ¼ чаша Шеќер
- ¼ лажичка Сол
- ¼ фунти ладен путер; сече битови
- 1 големо јајце; победи со
- 2 лажици мраз вода
- Суров ориз; за мерење на школка

Полнење со матеница

- 1 чаша матеница
- 3 големи жолчки
- ½ чаша Шеќер
- 1 лажица кора од лимон; решетки
- 1 лажица свеж сок од лимон
- ½ Лепете несолен путер; се топи, излади

- 1 лажичка Ванила
- ½ лажичка Сол
- 2 лажици Сенаменско брашно
- 2 чаши боровинки; пребере
- Преработен шеќер

Правци

ШЕЛТА

a) Во сад измешајте ги брашното, шеќерот и солта. Додадете путер и мешајте додека смесата не наликува на груб оброк. Додадете ја смесата со жолчки, мешајте додека не се вклопи течноста и формирајте тесто во диск. Посипете го тестото со брашно и изладете го, завиткано во пластична фолија, 1 час. Расукајте го тестото дебело ⅛" на набрашнета површина и ставете го во тава од 10 инчи со отстранлив раб со бразди.

b) Изладете ја лушпата најмалку 30 минути или покриена преку ноќ. Загрејте ја рерната на 350~. Обложете ја лушпата со фолија и наполнете со ориз. Печете ја лушпата во средината на рерната 25 минути. Внимателно отстранете ја фолијата и оризот и печете ја лушпата уште 5 минути или додека не поруменат. Изладете ја лушпата во тава на решетка.

ПОЛНЕЊЕ

c) Во блендер или процесор измешајте ги состојките за полнење додека не се изедначи. Рамномерно распоредете ги боровинките на дното на лушпата. Истурете фил со матеница врз боровинки и печете во средината на рерната 30 до 35 минути или додека не се стегне.

d) Отстранете го работ од тавата и целосно изладете го тартот во тава на решетката. Просејте го шеќерот од слаткарот над тартот и послужете на собна температура или разладен со сладолед од боровинки.

ЗАКЛУЧОК

Добре дојдовте во шеќер, манично креативни колачи универзум на млеко бар.

Тоа е универзум на слатки колачи со банана-чоколадо-путер од кикирики што ги правите во тенџере, од колачи со вкус на Килименска пита и најбалерската роденденска торта досега.

Но, повеќе од само збирка од најголемите хитови на млечниот бар, оваа книга ќе ви биде водич за тоа како да сонувате и да направите колачи со кој било вкус што ќе ви текне, без разлика дали сте дебитант во кујна или полноправно тврдо тело за печење..

www.ingramcontent.com/pod-product-compliance
Lightning Source LLC
Chambersburg PA
CBHW071301110526
44591CB00010B/738